HELGE STADELMANN / THOMAS RICHTER

DIEZ PASOS PRÁCTICOS PARA INTERPRETAR LA BIBLIA

EDICIÓN Y ADAPTACIÓN
DIRK POGANATZ

Diez pasos prácticos para interpretar la Biblia
Helge Stadelmann / Thomas Richter
Dirk Poganatz (Adaptación y edición de la versión en español)

Titulo original en alemán: *Bibelauslegung praktisch: In zehn Schritten den Text verstehen.*
8. Überarbeitete Auflage, Witten: SCM-Verlag GmbH
© 2017 SCM-Verlag GmbH

© 2020 Centro de Investigaciones y Publicaciones (CENIP) – Ediciones Puma
Hecho el Depósito Legal en la Biblioteca Nacional del Perú N° 2020-06746
Primera edición impresa: octubre 2020
ISBN N° 978-612-4252-75-4

Categoría: Religión - Estudios bíblicos - Exégesis y hermenéutica

Primera edición digital : octubre 2020
ISBN N° 978-612-4252-77-8

Editado por:
© 2020 Centro de Investigaciones y Publicaciones (CENIP) – Ediciones Puma
Apartado postal: 11-168, Lima - Perú
Av. 28 de Julio 314, Dpto. "G", Jesús María, Lima - Perú
Telf.:   (511) 423–2772
E-mail: administracion@edicionespuma.org
                ventas@edicionespuma.org
Web: www.edicionespuma.org
Ediciones Puma es un programa del Centro de Investigaciones y Publicaciones (CENIP)

Traductores: Verónica Chocano y Dirk Poganatz
Edición: Dirk Poganatz y Alejandro Pimentel
Diseño de carátula: Daniel Leandro Flores
Diagramación: Hansel J. Huaynate Ventocilla

Contenido

Prefacio
a la edición en español

Es un placer muy grande para mí que el libro *Diez pasos prácticos para interpretar la Biblia* esté ahora disponible para América Latina y el mundo de habla hispana, después de diez ediciones en Alemania. Las Sagradas Escrituras, como palabra de Dios dirigida a nosotros, son la fuente de la que nosotros como cristianos y como iglesias sacamos fortaleza. Todo depende, por lo tanto, de que comprendamos la Biblia, así como estuvo en la intención de Dios y de que no estemos satisfechos con su lectura superficial.

La edición en español fue co-traducida por Verónica Chocano y Dirk Poganatz, Th. M. Él fue el responsable de editarla y complementarla para América Latina. En particular, agregó la sección importante "¿Cómo escojo una unidad textual en la Biblia para trabajar con ella? (Delimitación del texto)" al final de la Parte I. En general, el libro está diseñado para ayudar al lector de la Biblia a reconocer lo que los autores bíblicos quisieron decir originalmente, incluso si no le es familiar el uso de los textos bíblicos en hebreo y griego, utilizando las diversas traducciones de la Biblia en español. Diez pasos de interpretación le ayudarán en este proceso. Y para cada uno de estos pasos, el libro nombra obras de referencia y recursos que pueden utilizarse para trabajar a fondo el texto bíblico.

Hace 20 años estuve por primera vez en América Latina para enseñar y predicar. Desde entonces, se han añadido viajes casi todos los años. Con gran alegría veo crecer el número de cristianos en América Latina. En Europa Occidental, las iglesias atraviesan más bien un período de crisis, que también tiene que ver con el descuido de la Palabra de Dios. Por eso, es mi deseo que, en los países de habla hispana, la iglesia de Jesús continúe creciendo de manera saludable, tanto en amplitud como en profundidad. Que Dios añada su bendición también a través de este libro.

Prof. Dr. *Helge Stadelmann*
Giessen – Alemania
Setiembre 2020

Prólogo

Conducir un automóvil implica grandes responsabilidades. Pueden suceder muchas cosas y aprender a manejar no es tan fácil. Pensemos en nuestra primera clase de manejo: sentarse en el automóvil, encontrar la posición correcta del asiento, ajustar los espejos, pisar el embrague, poner la palanca de cambios en primera, pisar el acelerador con cuidado, soltar el embrague poco a poco y soltar el freno de mano —y, oh no, ¡se volvió a apagar el automóvil! Y luego, algunas clases de manejo más tarde se intenta hacer lo mismo de nuevo, pero esta vez en retroceso a la hora de estacionar el carro en una subida... en ese momento uno se desespera y busca la manera de evadir tal frustración. Sin embargo: manejar también puede ser muy divertido, si uno lo sabe hacer. Además, es muy práctico para la vida diaria. Pero, por ser una actividad que implica tanta responsabilidad, no se puede llegar a dominarla sin los pasos de aprendizaje respectivos. Por eso lo importante para aprender a manejar es practicar, practicar y practicar.

Interpretar la Biblia implica mucha responsabilidad. Pueden suceder muchas cosas. Se puede distorsionar o diluir la Palabra de Dios. Iglesias enteras pueden ser dirigidas en una dirección equivocada. Y puede ser que se llame a lo que se dice en una célula, en una reunión de jóvenes o en una prédica «estudio bíblico» o «interpretación de las Sagradas Escrituras» cuando en realidad el contenido no es más que ideas subjetivas y opiniones del «intérprete». Si los mensajes de la Biblia son el fundamento para las situaciones claves de la vida (Mt 7.24ss), si el juicio de Dios sobre mi vida depende del manejo correcto o equivocado de las Sagradas Escrituras (2P 3.16), entonces vale la pena aprender a interpretar la Biblia de manera adecuada. Sin embargo, interpretar la Biblia no es fácil. Lamentablemente la Biblia no existe en forma soluble: añadir agua y revolver no es suficiente. Para encontrar los tesoros escondidos en los mensajes y las promesas bíblicas —y con ello divinas— vale la pena aprender a «excavar». Es como en las clases de manejo: al comienzo todo se nos hace un poquito pesado. Los pasos individuales de interpretación parecen ser complicados. Uno quisiera ahorrarse todo el entrenamiento y buscar el camino rápido para llegar a la solución simple. Sin embargo, el que toma un atajo aquí, probablemente nunca adquirirá más que un entendimiento superficial de la Biblia. Y probablemente se pondrá en peligro a sí mismo y a otros con resultados equivocados de su interpretación de las Sagradas Escrituras.

Vale la pena interpretar la Biblia de manera detallada y con diligencia. Uno no crece espiritualmente a través de mera propaganda emocional. El crecimiento espiritual, tanto personal como el de la iglesia, nace en la Palabra de Dios. Es ahí donde Dios nos permite echarles un vistazo a sus pensamientos, sus dones y sus mandamientos. Es ahí donde nos prepara la mesa para una alimentación espiritual sana. La fe se origina en base a la Palabra de Dios interpretada —y todo lo que Dios regala viene sólo a través de la fe. El Espíritu Santo obra a través de esta Palabra correctamente interpretada que él mismo inspiró hace mucho tiempo. Y donde la Palabra de Dios sufre distorsión o descuido, se entristece al Espíritu Santo. Vale la pena aprender a interpretar la Biblia con precisión.

Lo que quiere este libro es ser una pequeña escuela de interpretación de la Biblia. El «método de los diez pasos» es una escuela en la que se aprende a ver —a ver durante la interpretación de la Biblia lo que el texto realmente está diciendo. La persona que da estos pasos una y otra vez al final habrá aprendido a ver mientras que lee la Biblia. Los que tienen práctica leyendo la Biblia desarrollan una vista para lo que dice ahí. La persona que practica lo suficiente ya no necesita tanto tiempo para interpretar correctamente un texto bíblico. Vale la pena llegar hasta ese punto —vale la pena para el estudio bíblico personal y para la preparación del estudio bíblico que se compartirá con otros.

Este libro está escrito de tal manera que es fácil de entender para un público general. Se presta como material para el estudio personal, pero también para institutos bíblicos y seminarios. Incluso el universitario que estudia teología sacará provecho de este libro. Podrá practicar los primeros pasos de interpretación de las Sagradas Escrituras en base al texto en español que le sea familiar. Luego pasará a estudiar los pasos metódicos más complicados de exégesis (otra manera de decir «interpretación») en base al texto griego y hebreo. Más de una persona que trabaja a diario con la Biblia, como p. ej. pastores, se ha olvidado de la buena costumbre de descifrar primero el texto en un trabajo personal, excavándolo en búsqueda del significado de cada detalle, antes de transmitirlo a otros. Este libro puede ayudar a recordar las habilidades exegéticas olvidadas. ¡La iglesia que experimentará las consecuencias de este proceso recordatorio se lo agradecerá!

Así que esperamos tener lectores que disfruten trabajar con la Biblia. Cada sección del «método de los diez pasos» concluye con ejercicios prácticos.

Gießen/Waiblingen-Hegnach,
agosto del 2005/abril 2016

Prof. Dr. *Helge Stadelmann*
Freie Theologische Hochschule
Gießen

Thomas Richter
BibelStudienKolleg
Ostfildern

Parte I

Introducción a la interpretación de la Biblia según las Escrituras y el texto

La pregunta en cuanto a cómo se puede entender la Biblia de una manera correcta y precisa es tan antigua como la Biblia misma. ¿Cómo interpretamos la Biblia? ¿Cómo la podemos entender? ¿Cómo la pueden entender otros? (P. ej. Hch 8.30). Partiendo de estas preguntas queremos señalar a continuación un camino hacia una interpretación adecuada de la Biblia, para que podamos entender la Palabra de Dios según las Escrituras y el texto. *Según las Escrituras* significa que mi interpretación en su totalidad concuerda con lo que las Sagradas Escrituras enseñan. *Según el texto* significa que mi interpretación refleja exactamente lo que el texto bíblico, que tengo frente a mí, dice —ni más, ni menos— mientras que lo explica. Esta diferenciación es importante, ya que podría suceder que la supuesta interpretación de un pasaje bíblico está de acuerdo con las Escrituras, porque concuerda con lo que la Biblia enseña en términos generales, pero que no concuerda con el texto porque el mensaje que el intérprete le atribuye a éste no es lo que dice el pasaje. Incluso muchas prédicas que en términos generales son muy piadosas concuerdan con las Escrituras, pero no con el texto.

Interpretar la Biblia según las Escrituras y el texto

La Biblia fue redactada como Palabra que Dios nos dio en idiomas humanos y en contextos históricos específicos. La Biblia es palabra revelada y se atribuye ser la verdad absoluta, ya que proviene de Dios. Dado que Dios suministra fe y salvación por medio de su Palabra, la Biblia tiene el poder de cambiar nuestras vidas. Dado que Dios proveyó su Palabra en lenguas humanas y por medio de situaciones históricas, cada interpretación de la Biblia tiene que tomar en cuenta su carácter histórico y literario. Y dado que Dios reveló su verdad en lenguas humanas, cada interpretación adecuada tiene que ser una interpretación teológica.[1]

Tomar en serio el discurso de Dios

La Biblia es una obra literaria. Por eso son necesarios métodos gramaticales y lingüísticos exactos para entenderla. Como libro que fue escrito en situaciones históricas y que al mismo tiempo también describe procesos históricos, la Biblia exige métodos de trabajo históricos. En calidad de libro que narra la irrupción de la realidad reveladora de Dios en este mundo y que al hacerlo exige ser considerada Palabra verídica de Dios, la Biblia exige del intérprete apertura hacia la realidad de Dios. Y cuando el intérprete tiene un encuentro con el Dios viviente y con su discurso, la actitud correcta es que someta su razón humana, a la que le suele dar tanta importancia, en obediencia humilde a esta Palabra. Finalmente, se espera del intérprete que esté dispuesto a entregarse a la Palabra con todo su ser y a cumplir todo trabajo en torno a la Palabra con oración y escuchando obedientemente lo que Dios le dice, porque Dios quiere transformar vidas por medio de la Biblia.

Todos los que afirman estos puntos favorecen los métodos adecuados para interpretar la Biblia. Sin embargo, uno podría preguntarse: ¿No es acaso todo este tema de los métodos algo que sólo le concierne al especialista teológico cuando aborda la Biblia de una manera «profesional»? ¿Puede el simple cristiano, al que la Biblia también le ha sido dada, lograr todo esto? ¿Qué sabe él acaso de métodos literarios, históricos y teológicos? ¿No se debería exigir para él un trato de la Biblia más directo, sin reglas?

Acerca de esto queremos hacer el siguiente comentario: el trato de la Biblia nunca debería ser caprichoso o arbitrario. No se debería enfrentar la Biblia ni con un afán arbitrario de criticar, típica de una razón que se da mucha importancia a sí misma, ni con el albedrío edificante de una fantasía piadosa. En principio, el cristiano laico que lee una versión en español de la Biblia tiene la misma tarea como el intérprete que trabaja con el texto original y con libros de referencia adecuados. La tarea es entender y aceptar el texto —así como está escrito— así como el contexto de la Biblia. El texto revelado por Dios —así como está escrito— es válido tanto para el laico como para el profesional y a ambos se les pide la tarea, que puede ser agotadora, de «meditar en su palabra» (Sal 1.2). Entonces, hay varios niveles de detalle en el trabajo de interpretación, pero en principio cada lector e intérprete de la Biblia debe tener como meta entender el verdadero significado del enunciado de la unidad textual. Justamente porque creemos en la inspiración literal y la autoridad divina de la Biblia debemos tratar el texto —así como está escrito— con una precisión respetuosa.

Los métodos ponen a disposición pasos concretos y prácticos a tomar en el camino hacia el objetivo; esto es el caso también con el método de los diez pasos. Sin embargo, sólo pueden ser empleados de manera útil si uno tiene clara la meta de este camino. Por eso, para que un método de interpretación sea útil, es trascendental que se defina claramente cuál debe ser la tarea y la meta de la interpretación de la Biblia. De acuerdo con el testimonio propio de la Biblia tenemos aquí una doble tarea que es coherente y que vamos a explicar a continuación:

> Interpretar un texto bíblico según las Escrituras y el texto significa:
> 1. Reconocer y explicar
> el significado que Dios originalmente tuvo en mente
> para una unidad de texto determinada según su contexto bíblico.

> 2. Ilustrar para el hombre de hoy
> cómo lo que Dios dijo en el pasado
> es válido en el presente y se aplica para el futuro.

¿Qué significa el texto originalmente?

En realidad, debería sobrentenderse que cada interpretación seria de la Biblia debe tener como meta la explicación del significado original del texto.[2] La pregunta sobre el significado que el autor tuvo en mente originalmente debería ser primordial. Sin embargo, en la realidad este principio inapelable no se sobrentiende.

Esto ya empieza con el trato piadoso-edificante de la Biblia. Cuando se consideran las tendencias actuales en los libros devocionales y en el material para células y grupos de estudio bíblico, uno observa que la primera pregunta muchas veces es: «¿Qué me dice esta Palabra a mí?» En vez de esto, la primera pregunta debería ser: «¿Qué dice esta Palabra?». Hoy en día la pregunta sobre el significado que Dios originalmente tenía en mente para un pasaje bíblico se ha vuelto secundaria. Ésta a menudo es opacada por la pregunta sobre lo que la Palabra me tiene que decir a «mí» o respectivamente a «nosotros» el día de hoy. El proceso moderno es el siguiente: uno empieza a estudiar el texto con preguntas o expectativas imprecisas que nacen de una situación cotidiana del momento. Luego se aplica lo que uno escucha o lee en ese texto a justamente aquel horizonte de la vida cotidiana. Sin embargo, la pregunta determinante es, si el texto realmente tenía la intención de dar una respuesta a esta situación o, si en realidad tiene un mensaje completamente diferente. Cuando se lee la Biblia de manera tan subjetiva se le resta importancia y enfoque a la Palabra de Dios y se le priva de su dignidad. La persona piadosa se sitúa a sí misma y sus expectativas hacia el texto en el centro, lugar que le correspondería a la Biblia. El gran peligro de esta actitud es que uno tome el primer pensamiento edificante que tiene a la hora de leer la Biblia y que lo interprete como «Palabra de Dios dirigida especialmente hacia mi». Es cuestionable si se ha acertado y realmente encontrado el verdadero significado inspirado por Dios con este tipo de lotería. Se degrada la Biblia, convirtiéndola en un tipo de objeto meditativo que produce una variedad de pensamientos completamente subjetivos. Quizás a mí el texto me dice «a», a otro le dice «b» y al tercero le dice «c». Así la Biblia se convierte en un oráculo devocional que cada persona interpreta como le da la gana. Con esto el subjetivismo piadoso ha hecho su ingreso triunfal. Sin embargo, así se les resta a Dios y a su Palabra revelada la honra y la dignidad que se merecen. En cambio, una interpretación de acuerdo con el texto asume que Dios nos ha revelado sus pensamientos de forma lingüísticamente comprensible por medio de la Palabra de las Sagradas Escrituras. Entonces, para cada persona que maneja esta Palabra, debería ser importante ver y entender primero precisamente qué es lo que Dios dijo y qué se supone que significa. Luego se podrá aplicar adecuadamente la Palabra de Dios (¡una vez que se la haya entendido correctamente!). Una interpretación precisa tiene que preceder siempre a la aplicación. Si uno comienza por la aplicación de la Palabra antes de haberla interpretado y entendido según el texto y las Escrituras, uno está empezando a construir la casa por el tejado. Se trata de la primacía de la Biblia en su significado original sobre las expectativas y las ideas del lector, aunque sea un cristiano piadoso. Si no, en vez de hacer exégesis (extraer el significado de la unidad textual) uno se limita a hacer eiségesis (introducir o imponer un significado a la unidad textual) y así pretender saber más de lo que el propio Dios nos quiere decir. Las preguntas típicas que los creyentes usan para interpretar la Biblia: «¿Qué me dice el texto a mi? ¿Qué dice el texto en sí? ¿Qué te dice el texto a ti?», deben ser cambiadas necesariamente de orden. En todo caso, debería ser así:

a) ¿Qué dice el texto en sí, por sí mismo?
b) ¿Qué dice el texto que nos concierne a nosotros (a ti y a mí)?

El texto no me dice «a mí» otra cosa que lo que debo compartir con «otros», es decir, el significado que Dios tenía en mente originalmente. Se trata de descubrir este significado y aplicarlo según el texto y las Escrituras. Entonces, debemos preguntar primero: «¿Qué dice la unidad textual?». Y, lo que verdaderamente dice, también lo aceptamos (véase Hch 8.26-40).

¿Qué significa el texto para el presente y el futuro?

Para la persona que pregunta por el significado actual de la Palabra de Dios, basándose en el significado original del texto, la interpretación de la Biblia no sólo es una actividad en retrospectiva, que se dirige hacia el pasado. La Biblia no es un objeto muerto proveniente de un tiempo pasado muy lejano, que sólo vale la pena examinarla a causa de un interés literario e histórico. Para Julius Schniewind todavía era válido lo siguiente:

> Lo que dice la Escritura es enseñanza para la iglesia y un mensaje que despierta la fe. La Biblia no es un material que desea que se le explore a fondo con hipótesis históricas. Es más bien una voz que quiere que se le escuche, un testimonio que quiere que se le considere respecto a preguntas acerca de la verdad.[3]

La Palabra de Dios causa la fe (Ro 10.17), lleva a la persona a nacer de nuevo (1P 1.23), «es viva y poderosa. Es más cortante que cualquier espada de dos filos; penetra entre el alma y el espíritu, [...]. Deja al descubierto nuestros pensamientos y deseos más íntimos». (Heb 4.12 NTV). Dios no sólo nos ha dado su Palabra para analizarla sino también para obedecerla: «Nos has ordenado que cumplamos cuidadosamente tus mandamientos». (Sal 119.4 NTV). Según esto, Esdras el escriba, presenta un trato de la Palabra de Dios que es completo e incluye la propia existencia, «porque Esdras había decidido estudiar y obedecer la ley del SEÑOR y enseñar sus decretos y ordenanzas al pueblo de Israel». (Esd 7.10 NTV). Nótese el orden: Esdras asimila y «digiere» primero la Palabra de Dios, luego la pone en práctica y en base a esto instruye a otros a vivir con la Palabra. De esto concluimos:

a) El estudio (= lectura) de las instrucciones de Dios es el inicio.

b) Seguir/obedecer (= vivir) las instrucciones de Dios es la respuesta al estudio.

c) La transmisión (= enseñanza) de las instrucciones de Dios es apoyada por la vida del que instruye.

Para nuestro manejo con la Palabra de Dios esto significa:

a) Primero recibimos personalmente la Palabra de Dios.
b) Después aplicamos personalmente la Palabra de Dios.
c) Al final del proceso podemos enseñar a otros con la Palabra de Dios.

Nosotros opinamos que la interpretación de la Biblia permanece demasiadas veces atascada en lo que los griegos entendían por «conocer». De lo que trata ese «conocer» es meramente captar a nivel intelectual un tema u objeto. Sin embargo, el término hebreo relacionado al conocimiento («yada»), invita justamente a tener un encuentro con lo que se ha entendido: Aquí se trata de entender mientras uno se compenetra y compromete con una cosa. Esto es algo que debería convertirse nuevamente en la meta de nuestro trabajo exegético. Porque recién cuando una persona ha tenido un encuentro personal con la verdad de la Palabra de Dios, esta misma Palabra ha podido cumplir el propósito para el cual fue dada.

Entonces una interpretación adecuada de la Biblia, según el texto y las Escrituras, no se refiere a un entendimiento puramente histórico-literario. Más bien, el proceso de interpretación llega a su conclusión cuando la intención que tiene la unidad textual ha alcanzado al receptor y surgido efecto en él. No obstante, la pregunta si un método puede llevar a un encuentro existencial con la verdad de Dios permanece sin respuesta. Esta pregunta parece ser aún más urgente cuando uno considera que en sí el ser humano natural y pecador no tiene acceso a la verdad de Dios. Si consideramos la meta que hemos propuesto en cuanto al tipo de conocimiento deseado, estas preguntas nos tienen que llevar a pensar de manera intensiva acerca del papel que juega el Espíritu Santo en la interpretación de la Biblia. Si la interpretación de la Biblia logra su meta cuando el lector ha escuchado lo que Dios quería decir en el sentido más pleno, entonces la exégesis no puede prescindir de la oración por la guía del Espíritu Santo. La persona que excluye de la exégesis esta dimensión espiritual y sólo la indica como suplemento meditativo opcional, va a obtener una interpretación limitada de las Escrituras.

Prerrequisitos para una interpretación de la Biblia según las Escrituras y el texto

En el transcurso de la historia de la exégesis el Espíritu Santo ha presentado, una y otra vez, una dificultad a los exégetas. O se lo presentaba como opuesto a lo que el texto mismo de las Escrituras dice —según el lema: «La letra mata, el Espíritu da vida» (¡ignorando el significado correcto de 2Co 3.6!), o se lo contrastaba con un método de interpretación ordenado. Y eso a pesar de que el Espíritu Santo, que ha inspirado el texto mismo de la Biblia, no puede oponerse a ella. El Espíritu tampoco reemplaza la capacidad de pensar, sino que la renueva y la utiliza (Ro 12.2; 1Co 14.19ss). ¡El intérprete espiritual no debe dejar de pensar ordenadamente pero sí debe someter su pensamiento obedientemente a Cristo! (2Co 10.5). Gerhard Maier observa que el Espíritu Santo, a la hora de inspirar la Biblia, también ha utilizado el método de trabajo ordenado de los escritores humanos:

> Uno de los ejemplos de trabajo metódico más impresionantes se encuentra en el Nuevo Testamento mismo: los dos libros redactados por Lucas (Lc 1.1-4, Hch 1.1-2). Basado en esto se puede decidir claramente que el Espíritu Santo no lleva al rechazo de lo metódico sino hacia el método estandarizado por la Escritura.
>
> Entonces, ¿es que al intérprete inspirado le corresponde un método inspirado determinado? La respuesta también aquí sólo se puede dar con mucho cuidado. Si le somos fieles a nuestro punto de vista pneumatocéntrico [centrado en el Espíritu Santo], es decir, si preguntamos por la voluntad del Espíritu que se puede reconocer en el Nuevo Testamento, entonces llegamos a este resultado:
>
> El Nuevo Testamento no contiene un método trabajado, sistemático e independiente. Más bien contiene, por ejemplo, elementos de una interpretación de las Escrituras de estilo

filológico-racional, tipológico, alegórico y de la historia de la salvación (véase Mt 13.37ss; 22.23ss; Jn 10.34ss; 1Co 10.4ss; 15.27; Gá 4.22ss; 2Ti 2.6). Es de ahí que tomamos la libertad de contar con varios métodos legítimos de interpretación de la Escritura. La consecuencia de esta observación es drástica: que el intérprete inspirado puede utilizar o incluso declarar necesario un método histórico, pero que simultáneamente se tiene que mantener abierto a otros métodos.[4]

Y así se ha mencionado una primera conclusión decisiva: el método se debe orientar en el Espíritu y como tal puede ser utilizado por el Espíritu. (Sin embargo, uno debe tener claro que los descubrimientos del intérprete «iluminado/guiado por el Espíritu Santo» no están al mismo nivel que los textos bíblicos inspirados.)

Como consecuencia, un método que se orienta en el Espíritu tiene que

a) ser un método que consecuentemente está de acuerdo con el carácter de la Biblia. Es decir, tiene que reconocer que la Biblia se ubica en un contexto lingüístico e histórico. También tiene que tomar en serio la inspiración de la Biblia, su pretensión de ser la verdad y el hecho de que se dirige a nuestra misma existencia. Un método que se eleva con una crítica sobre la Palabra inspirada por el Espíritu, esto es, que pone la capacidad del intelecto y de la razón del ser humano por encima de todo (crítica objetiva), es pecado y es muy improbable que el Espíritu Santo lo use como instrumento. En especial,

b) un método que se orienta en el Espíritu no esperará que el Espíritu actúe y hable más allá del texto bíblico, sino en la Palabra dada por el Espíritu. Hans Joachim Iwand resumió esto concisamente diciendo:

> Con nuestro trabajo queremos apoyar a todos aquellos que tocan la puerta cuando, por la gracia de Dios, se les abrirá, los que buscan donde se nos prometió que encontraríamos lo que buscamos. La letra de las Escrituras es el lugar donde podemos y tenemos que tocar la puerta, porque sin esforzarnos por la letra no recibimos el don del Espíritu. Sin embargo, a todos los que logran creer todavía que el esfuerzo por las Escrituras

debería ser el verdadero y primer esfuerzo por la renovación de la iglesia, los saludo con una frase de la introducción de Bengel a su Gnomon [su comentario del Nuevo Testamento, *Gnomon Novi Testamenti*]: [...] Las Escrituras mantienen a la iglesia y la iglesia cuida las Escrituras. Si la iglesia florece, entonces resplandecen las Escrituras. Si la iglesia está enferma, entonces las Escrituras se empolvan. Así es que el rostro de la iglesia y el rostro de las Escrituras en conjunto siempre muestran rastros de buena salud o de enfermedad.[5]

Por eso es importante descubrir nuevamente lo que el versículo central de la hermenéutica expresa acerca de la interpretación de la Biblia: «Pero el hombre natural [que no ha nacido de nuevo] no acepta las cosas del Espíritu de Dios, porque para él son necedad; y no las puede entender, porque se disciernen espiritualmente [pneumáticamente]». (1Co 2.14 LBLA). Este versículo propone dos cosas:

a) Sin el actuar del Espíritu Santo el hombre natural no acepta la verdad de la Palabra de Dios. Entonces, aunque a lo mejor entienda correctamente lo que dice en el sentido histórico-gramatical, el texto no tiene ningún efecto personal (existencial) en la persona.

b) Sin el Espíritu, el hombre natural no puede «percibir» (en el sentido de tener un encuentro y comprometerse con la Palabra, lo que refleja en sí el sentido del término hebreo) la Palabra de Dios en su totalidad. Le parece locura. En otro pasaje Pablo aclara que esta incapacidad de entender también puede estar relacionada a una ceguera de la mente causada por «el dios de este mundo» —dimensión espiritual que prácticamente ya no se toma en cuenta en nuestra teología actual (2Co 4.3s). Aquí es necesario que estos obstáculos para el conocimiento sean derribados actuando espiritualmente «poniendo todo pensamiento en cautiverio a la obediencia de Cristo» (2Co 10.4ss LBLA). Sea cual sea la razón —ceguera a causa de un poder espiritual, resistencia de la razón humana contra la revelación de Dios o la simple incapacidad del ser humano caído— lo que enfrentamos siempre es una incapacidad de entender/captar correctamente. Sin embargo, esto justamente vuelve a demostrar que necesitamos una interpretación de la

Biblia que se ciña al texto y las Escrituras, que tome en cuenta la relación entre la Palabra y el Espíritu. *La Biblia como Palabra de Dios acerca el Espíritu al corazón del ser humano y este mismo Espíritu, como autor de la Biblia, lleva la Palabra de Dios a los corazones humanos.*

Entonces, la razón principal por la que se deben aplicar métodos exegéticos adecuados tiene que ver con el arraigo profundo de la revelación de Dios en la historia humana. Dios decidió hablar por medio de autores humanos que utilizaron el lenguaje hebreo, arameo y griego con todas sus reglas gramaticales. El artesano necesita herramientas que encajen con precisión en una pieza determinada, tal como el fabricante ha determinado. De la misma manera el intérprete de la Biblia necesita los métodos correspondientes que encajen en los medios de comunicación que Dios ha utilizado. Esto no significa que ya no necesitaremos tan a menudo la ayuda del Espíritu Santo, si practicamos la interpretación de la Biblia de manera correcta. Al contrario, si trabajamos con métodos de exégesis que toman en serio las particularidades de la comunicación original (por ejemplo, las características del texto original) de Dios, entonces indudablemente trabajaremos más estrechamente con el Espíritu Santo que si no nos preocupamos por este tipo de métodos. Así no correremos tanto el riesgo de darle un significado al texto que nos parece que tiene sentido y luego atribuirlo al Espíritu Santo (Gá 5.17). Ya que el Espíritu Santo no se contradice a sí mismo, su apoyo para nosotros va a consistir en ayudarnos a descubrir el significado que el autor tenía originalmente en mente y a aplicar este significado (Jn 16.7-15). Y él va a hacer en nosotros lo que nunca lograríamos por nuestra propia cuenta: que la Palabra bíblica actúe en nosotros y llegue a su meta. Para que suceda eso, sólo nos queda pedir aquello en oración. Por eso, a la interpretación de la Biblia también se le aplica ese antiguo proverbio cristiano que dice: ¡Ora y trabaja! [*Ora et labora* en el latín original].

Interpretar la Biblia de esta manera significa entonces que tenemos que invertir mucho tiempo en el análisis de textos determinados. El posible peligro es que el texto bíblico se convierta puramente en un objeto de estudio científico. Para resistir esta tentación, uno siempre tiene que balancear las horas que trabaja arduamente *sobre* el texto bíblico posicionándose conscientemente *debajo* del texto bíblico, sometiéndose a él. El texto bíblico es un sujeto eficaz para nosotros y no sólo un objeto (véase Heb 4.12). En la práctica, esto tiene que llevarnos a estar dispuestos a ser corregidos y a cambiar nuestra opinión, si el texto (es decir, la Palabra de Dios) nos lo exige.

Además, para nosotros, interpretar las Escrituras siempre significa que las Escrituras nos transforman, porque la Palabra de Dios exige derechos sobre nuestras vidas. Como consecuencia, se puede decir que en primer lugar no es el intérprete el que interpreta la Biblia sino más bien, la Biblia interpreta al intérprete. Tenemos que ser conscientes de que las Sagradas Escrituras realizan una exégesis de nosotros, es decir, nos explican quiénes somos y, qué significa el hecho de que le pertenecemos a Dios y el significado de sus promesas para nosotros. También significa: no somos nosotros los que evaluamos las Escrituras, sino las Escrituras nos evalúan a nosotros. Los prerrequisitos para cada exégesis de la Biblia que esté según el texto y las Escrituras se resumen en estas dos acertadas formulaciones de Kurt Heimbucher[6]:

> «Tenemos que aceptar las Escrituras de tal manera
> como a Dios le pareció entregárnosla».
>
> «¿Le permitimos a la Biblia que diga
> lo que nos quiere decir?»

Nuestro trato de la Palabra bíblica demuestra si amamos a Dios o no: «¿Quién es el que me ama? El que hace suyos mis mandamientos y los obedece». (Jn 14.21 NVI). Amar a nuestro Señor significa juntar obediencia y entendimiento. No sólo interpretamos las Escrituras para entenderlas intelectualmente, sino para aplicar las verdades que se encuentran en el texto a nuestras propias vidas. Por lo tanto, tenemos que acercarnos al texto con la determinación de hacerle caso a lo que descubrimos en él. Amar a nuestro Señor, por lo tanto, significa que ponemos en práctica lo que aprendemos por medio de su palabra. El anhelo y la pasión por amar a Dios nos debería motivar a hacer un trabajo de exégesis minucioso —el cual, en consecuencia, nos lleva a una entrega más profunda a nuestro Señor. No obstante, una exégesis sana no sólo lleva a la profundización de nuestra propia vida espiritual, sino que también tiene un efecto de edificación espiritual en las personas a las que servimos. El amor verdadero, entonces, tiene consecuencias prácticas: hace que un testimonio de vida le siga a un compromiso meramente oral.

Interpretación y aplicación de la Biblia — Un panorama general

Bajo el término exégesis (griego *exegesis*, «explicación, interpretación») se entiende una interpretación de los textos bíblicos gracias a una reflexión metodológica. La exégesis del Antiguo Testamento (AT) y del Nuevo Testamento (NT) no constituye un fin en sí mismo. Más bien, sirve para la predicación de la Palabra, porque las Sagradas Escrituras esencialmente son proclamación y, por ende, dirigen la palabra a los seres humanos. La meta de la exégesis consiste fundamentalmente en la aplicación del contenido bíblico —cuyo exégeta previamente logró comprender— a la actualidad y la propia vida. Al carácter de proclamación de la Biblia le corresponde el carácter de respuesta de lo que se comprendió en la interpretación, según el texto y las Escrituras.

Albrecht Bengel expresó esto de manera muy apropiada cuando advirtió lo siguiente: «Dedícate completamente al texto y aplícalo completamente a tu vida». Justamente porque Dios habló en relación con la historia humana real, podemos estar seguros de seguir escuchando su voz en nuestra historia real. Pero siempre se trata primero de entender una determinada unidad de texto según las Escrituras y el texto. La aplicación recién se hace sobre esta base.

La hermenéutica (griego *hermeneuein*, «pensar, interpretar, explicar, traducir») es la teoría de la interpretación y de la aplicación de la Biblia. Ella describe la relación entre exégesis y aplicación y explica cómo se llega a una interpretación y aplicación de la Biblia según el texto y las Escrituras. Con ello, la hermenéutica reflexiona y explica los principios de una aplicación del mensaje bíblico del pasado al presente y el significado de este para el futuro, según el texto y las Escrituras. La hermenéutica provee los principios, que la Biblia misma propone, para llegar de la pregunta en torno a lo que significaba el texto originalmente (exégesis), a la respuesta de lo que significa el texto hoy en día (aplicación). En el transcurso de este proceso nos damos cuenta de los textos bíblicos, que primeramente significan hoy lo que significaban entonces. Como consecuencia, para la interpretación de la Biblia, el significado original que tenía para las personas a las que se dirigió la Palabra en primer lugar, también es el significado en el que se basa la aplicación actual de la Biblia (véase Ro 15.4-5). Entonces, encontrar la intención «original» del texto sigue siendo la tarea principal de cada buen intérprete de la Biblia que trabaja según las Escrituras y el texto (1P 1.9-12). Eso significa que ineludiblemente la interpretación siempre viene antes de la aplicación y, que la aplicación siempre puede darse únicamente en base a una interpretación según el texto y las Escrituras (2P 1.20-21). Al inicio, entonces, se encuentra una amplia percepción de la unidad textual bíblica. Esta lleva a un encuentro con el contenido normativo y, lleva a una sumisión existencial a la palabra de Dios explicada, ilustrada y aplicada.[7]

Por las razones previamente mencionadas, el «método de los diez pasos» que se presenta en este libro, se deriva de un «método bíblico-histórico»[8]. Este método

a) describe un proceso de interpretación basado en métodos reflexivos y, por ende, un proceso de interpretación que se puede comunicar y evaluar (Hch 8.26-40);

b) toma en cuenta preguntas históricas;

c) orienta sus juicios por lo que las propias unidades textuales dicen;

d) como método *bíblico*-histórico subraya conscientemente la normatividad de la Palabra de Dios incluso para la actualidad;

e) reconoce la necesidad del actuar del Espíritu Santo para un entendimiento existencial de la Biblia (1Co 2.6–3.4) y;

f) se ocupa siempre y primero de la explicación bíblico-teológica antes de entrar en la aplicación práctico-teológica (véase Hch 17.11b).

Presentación del proceso exegético

	Exégesis	**Hermenéutica**	**Aplicación**
Perspectiva bíblica	*Porque todo lo que fue escrito en tiempos pasados,* (Ro 15.4a LBLA)	*para nuestra enseñanza se escribió,* (Ro 15.4b LBLA)	*a fin de que por medio de la perseverancia y del consuelo de las Escrituras tengamos esperanza.* (Ro 15.4c LBLA)
Perspectiva temporal	PASADO *«En ese entonces — fue dicho».*	PRESENTE *«Hoy — es oído».*	FUTURO *«En el futuro — se practicará».*
Perspectiva en relación al contenido	DIOS AFIRMA ¿Cuál es la intención de la unidad textual? (= *leer* cuál es el sentido de la voluntad de Dios)	DIOS EXIGE ¿Cuál es el principio de la unidad textual? (= *enseñar* el significado de la voluntad de Dios)	DIOS ANIMA ¿Cuál es la tarea que da la unidad textual? (= *vivir* lo que es la meta de la voluntad de Dios)
Perspectiva metodológica	EXPLICAR por medio de la INTERPRETACIÓN *según el texto*	ILUSTRAR por medio de la TRANSFERENCIA *según las Escrituras*	APLICAR por medio de la PROCLAMACIÓN *según la Palabra*

Por tanto, la aplicación práctica y específica siempre debería ser el producto de las enseñanzas de las Escrituras y, por ende, le sigue a la interpretación. En este proceso, el intérprete no tiene la tarea de convertir la Biblia en algo importante. Ya es importante porque es la Palabra de Dios. Y lo que dice Dios no puede ser insignificante para nosotros. La mejor interpretación es la que sigue las pautas que el texto mismo da. «La reflexión» sobre la Palabra de Dios puede tomarse de manera muy literal: reflexionar, buscar con nuestros pensamientos lo que Dios ya ha hablado. Dicho de otra manera: seguir las pistas de la palabra de Dios, andar en estas pistas.[9] Es parte de la humildad espiritual del intérprete, percibir y transmitir simplemente lo que dice ahí. Este, entonces, puede ser el axioma de la interpretación de la Biblia:

¡Lea la Biblia! — ¡Entienda la Biblia! — ¡Obedezca la Biblia![10]

«Ahora, reciban mi último consejo…

¡exégesis, exégesis y nuevamente exégesis!…

Adhiéranse a la Palabra, a las Escrituras que nos han sido dadas».[11]

El primer gran reto con el que se encuentra la persona que se propone interpretar la Biblia, es el de delimitar el texto. Esto significa, definir claramente dónde comienza y termina el texto que desea analizar.

¿Cómo escojo una unidad textual en la Biblia para trabajar con ella?

División del texto bíblico en unidades textuales

¿Alguna vez se ha preguntado al comparar diversas traducciones, por qué no siempre concuerdan los títulos y subtítulos que aparecen en las diferentes secciones de un capítulo? ¿Por qué tampoco concuerdan la cantidad de versículos después de cada uno de estos títulos y subtítulos en las distintas traducciones de la Biblia al español?

¿Por qué decidieron los traductores y editores de nuestras ediciones modernas de la Biblia incorporar títulos y subtítulos en el texto? ¿Qué se pretende con ello? Si Ud. se ha preguntado esto, Ud. ya es un buen observador.

Los títulos y subtítulos que encontramos en nuestras ediciones modernas de la Biblia tienen la intención de ayudar a orientarnos dentro del texto bíblico, aparte de la división en libros, capítulos y versículos dentro del AT y NT.[12] En muchos casos estos títulos y subtítulos ya nos presentan un tipo de delimitación del texto, que lo divide en porciones más manejables. Estos títulos y subtítulos no se encuentran en los manuscritos hebreos, arameos (Antiguo Testamento) ni griegos (Nuevo Testamento). Esto significa que no fueron inspirados por Dios y por lo tanto no pertenecen a su revelación. Los traductores y editores de las Biblias al español (esto sucede también en la mayoría de los idiomas a los que ha sido traducida la Biblia) «simplemente» quieren presentarnos el texto bíblico en unidades más pequeñas y «digeribles», brindándonos una idea de lo que trata el texto siguiente por medio de títulos y subtítulos.

Un reto que vale la pena practicar, para el que quiera interpretar el texto de Biblia, es tomar el texto bíblico sin los títulos y subtítulos de cualquier traducción, y seccionarlo o delimitarlo en unidades más manejables, que llamaremos «perícopas» de aquí en adelante, y ponerle uno mismo un título que resuma en sí lo que el autor del texto quiso decir en esta «perícopa».

El libro de los Salmos es un caso especial en cuanto al tema de los títulos. Esto es así, porque el libro de los Salmos incluye en muchos de los salmos títulos originales, esto es, títulos que se encuentran así también en los manuscritos hebreos de este libro. Salmo 1, el salmo que tomaremos como texto ejemplo para practicar la interpretación de textos del Antiguo Testamento en este libro, por ejemplo, no lleva un título original, esto es, un título que se encuentre también en los manuscritos hebreos. Lo mismo sucede con el Salmo 2. Recién el Salmo 3 lleva un título original: «Salmo de David, acerca de cuando huía de su hijo Absalón» (NTV). Los títulos originales de los Salmos ayudan al lector a ubicarse mejor en el tiempo y las circunstancias en que este salmo fue compuesto. Esto quiere decir que nos revelan mayormente por o para quién fueron escritos. Por consiguiente, podemos ubicarlos también dentro de la época de su composición. Muchos de estos títulos nos revelan también, para qué ocasión fueron escritos estos salmos. En los manuscritos hebreos, estos títulos aparecen como el primer versículo. En nuestras traducciones al español, en cambio, se colocan como títulos, sin que lleven enumeración alguna. Entonces, lo que en los manuscritos hebreos vendría a ser el versículo 2, en nuestras Biblias es el versículo 1. Algunas versiones de la Biblia en español, como por ejemplo la versión Dios Habla Hoy (DHH) añade títulos y subtítulos propios, aparte de los mencionados títulos originales. Por ejemplo, el Salmo 1, que como ahora sabemos no lleva un título original, recibió el título de parte de los editores de DHH de la siguiente manera: «Felicidad verdadera». El Salmo 2, que tampoco lleva título original, recibió el título: «Tú eres mi hijo», por los editores de la DHH. Se pone interesante cuando llegamos al Salmo 3. Este salmo sí tiene, como vimos, un título original. Los editores de DHH anteponen un título propio: «Oración pidiendo la ayuda del Señor» en letras negritas antes del título original: *«Salmo de David, cuando huía de su hijo Absalón»* que se distingue por estar en letras cursivas. DHH pone un título propio a cada salmo, independientemente si lleva o no lleva un título original. Traducciones como la Nueva Traducción Viviente (NTV) o la Biblia de Estudio NVI, en cambio, no colocan títulos propios a los Salmos. Otro es el panorama cuando se revisa la Biblia de Estudio Harper/Caribe, que tiene como base el texto de la Reina Valera 1960 [RV60], donde los editores pusieron una considerable cantidad de títulos y subtítulos propios a los Salmos.

Las limitaciones de los títulos y subtítulos que encontramos en nuestras versiones en español se dan por su misma naturaleza. Estos títulos y subtítulos, salvo los originales de los Salmos, son el resultado del trabajo de interpretación de parte de los que editaron las diferentes versiones al español. Nos muestran, por ello, el enfoque especial respecto al texto que tiene el que los pone. Mientras que los títulos describan «eventos» como «La torre de Babel» o «Ananías y Safira», no representan un gran problema. Sin embargo, los títulos más problemáticos son los que intentan resumir «ideas», especialmente en las cartas del Nuevo Testamento.

A veces los títulos que se presentan en las diferentes versiones son más que «simples resúmenes de lo que sigue» y no pocas veces cuestionables.

Como dijimos, no son parte del texto inspirado por Dios, con excepción de los títulos originales de los Salmos. Por ello pueden y deben ser tratados con cuidado. Lo mejor será, como ya dijimos, que cada uno al haber aprendido a dividir el texto en «perícopas» sepa poner un título propio a cada una de estas secciones del texto, que refleje lo que esta sección realmente quiere decir.

Con el transcurso del tiempo el intérprete de las Sagradas Escrituras desarrollará cierta destreza para poder calificar los títulos y subtítulos de las diferentes versiones de la Biblia, en base a su propio conocimiento del texto. Con ello podrá decidir más fácilmente qué título o subtítulo es el más apropiado para cierta parte del texto.

Se recomienda hacer el siguiente ejercicio para notar lo distinto que son los títulos y subtítulos en las distintas versiones al español de nuestras Biblias. Divida una hoja en 4 columnas y transcriba los títulos de Juan 5 como los pone la Reina Valera de 1960 [RV60], la Nueva Versión Internacional [NVI], la Dios Habla Hoy [DHH] y la Nueva Traducción viviente [NTV]. Es importante que ponga entre paréntesis, al lado de los títulos que transcribe, los versículos que abarca este título.

RV60	NVI	DHH	NTV
El paralítico de Betesda (1-18)	Jesús sana a un inválido (1-15)	Jesús sana al paralítico de Betzata (1-18)	Jesús sana a un hombre cojo (1-15)

y así sucesivamente.[13]

Al comparar las diferentes versiones nos daremos cuenta rápidamente que las divisiones que se crearon y a las que se les ha colocado títulos y subtítulos, no son iguales en todas las versiones. Se deberá preguntar, después de haber preparado una tabla de comparación, como la que se hizo en base a Juan 5: ¿Por qué hay diferencias entre las divisiones? También hay que preguntar si los títulos puestos son siempre los adecuados. Queda claro: La división del texto en secciones más pequeñas representa un reto. Si no fuera así, todas las versiones de la Biblia harían sus subdivisiones en los mismos lugares. Es por ello, que lo más recomendable es aprender a subdividir el texto uno mismo, conociendo las razones por las que se divide una unidad de texto de una o de otra manera.

Con fundamentos, encontrar unidades de texto o «perícopas» que puedan ser subdivididas dentro de textos mayores

¿Qué es exactamente una «perícopa»? Una perícopa es una unidad de texto claramente delimitada dentro de un texto más amplio. Dreytza, Hilbrands y Schmidt la definen claramente de la siguiente manera:

> «Una perícopa es básicamente una unidad de texto que tiene sentido en sí misma respecto a su tema y contenido. Y no solo esto, sino que una perícopa también puede delimitarse formalmente de su contexto».[14]

Al delimitar el texto, nos damos cuenta de que un texto mayor está compuesto por unidades de texto más pequeñas. Además, es importante tener siempre en mente que una «perícopa» (una unidad textual delimitada) nunca debe verse como algo aislado, ya que forma parte de un contexto textual más amplio. Siempre hay que tomar en cuenta el contexto de la perícopa para lograr una comprensión correcta de la misma.[15] (ver además el paso 4 en este libro)

Para delimitar una perícopa «hacia atrás» y «hacia adelante» se pueden aplicar diferentes criterios:[16]

1. Criterios gramaticales:

a. *el texto indica un cambio de sujeto y objeto.* Por ejemplo: En Gn 16.1ss Saray y Abram son el sujeto y objeto respectivamente. Aquí comienza claramente una nueva perícopa, ya que Gn 15 tiene a Dios como sujeto y a Abram como objeto respectivo. En 1 S 29.1 son filisteos e israelitas en relación con 1 S 28.8 que trata de Saúl, sus oficiales y la adivina de Endor.

b. *otros indicadores gramaticales, como conjunciones y cambio de persona.* En cuanto a las *conjunciones* es importante conocer los distintos tipos de conjunciones que existen. Las conjunciones pueden dividir pensamientos y con ello «perícopas». Pero también pueden unir pensamientos y con ello una idea y hacer que diversos versículos se unan fuertemente entre sí, para formar así una perícopa. Esto hay que evaluar de caso en caso. Para evaluar las conjunciones se recomienda siempre comparar diversas versiones (ver paso 2 en este libro). En cuanto al *cambio de persona*, por ejemplo: Miq 7.18-20 se dirige directamente a Dios en 2ª persona, mientras que en Miq 7.15-17 el profeta habla de Dios en 3ª persona. Por esta razón, ambos textos pueden delimitarse como dos «perícopas».

2. Criterios formales y de contenido:

a. *El texto indica un cambio de tiempo.* Por ejemplo: Gn 17.1 «Cuando Abram tenía noventa y nueve años...» [NTV] en relación con Gn 16.16 «Abram tenía ochenta y seis años...».

b. *El texto indica un cambio de lugar.* Por ejemplo: 1 R 6.1 que tiene por lugar a Jerusalén en relación con 1 R 5.13-18 que tiene por lugar al Líbano y una zona montañosa.

c. *Fórmulas fijas.* Por ejemplo: Gn 1.3 «Y dijo Dios» — Gn 1.6 «Y dijo Dios» marcan el inicio de los seis primeros días de la creación. Cada uno de ellos es por ello delimitable como una «perícopa». Is 43.14 «Así dice el Señor» marca el inicio de una nueva «perícopa».

d. *Repetición de palabras.* Por ejemplo: Miq 7.18-20 puede delimitarse como una «perícopa», ya que aquí, entre otros criterios, se puede aplicar el de la *repetición de palabras* por la aparición del término «misericordia» en cada uno de los versículos (así RV60).[17] La repetición de palabras indica la importancia de esta característica que describe el ser o carácter de Dios. En Mt 5.3-11 se repite la palabra «dichoso», con lo que esta repetición es un indicio de que se trata aquí de un texto delimitable.

e. *Una nueva perícopa puede caracterizarse por reflejar otro género literario que el texto de su alrededor* (ver paso 5 en este libro, en cuanto a reconocer géneros literarios). Por ejemplo: Gn 2.3 puede delimitarse como una «perícopa» propia. Esto se debe a que Gn 2.3 pertenece al género literario conocido como «poesía», mientras que el texto anterior y posterior es —hablando en términos generales— una narración. Mt 18.23-35 es un género literario llamado «parábola». Se diferencia claramente del marco narrativo en el cual se ubica. Este marco narrativo trata de la pregunta de Pedro a Jesús en torno a las veces que debe perdonar a alguien que peca contra él (v. 21) y la respuesta que Jesús le da (v. 22). La breve respuesta en Mt 18.22 se ilustra luego con la «parábola» a partir del v. 23. Considerar la «parábola» por sí sola, sin tener en cuenta el contexto en el que Mateo la ha colocado, causará que no la entendamos bien (ver paso 4 en este libro).

f. *Cuando el contenido o tema cambia.* La unidad delimitada o «perícopa» trata un tema específico distinto a los versículos anteriores y a los versículos posteriores.

La base del análisis exegético con el «Método de los diez pasos» que se presenta en este libro, tiene que ser una unidad textual claramente delimitada y que tenga sentido en sí misma en cuanto a su tema y contenido.

¿Qué pasa si no se delimita un texto y al mismo tiempo no se tiene en mente el contexto de la «perícopa»?

Si no se hace bien este trabajo de delimitar el texto y de verificar al mismo tiempo que este texto no exista de forma aislada (ver paso 4), se corre el gran peligro de hacer «eiségesis», es decir, de imponer ideas propias al texto.

Un ejemplo es Mt 18.20. Este versículo se ha tratado e interpretado muchas veces de manera aislada, como una «perícopa». Lo interesante es observar que en ninguna de las traducciones se agrega un título o subtítulo antes de este versículo. ¿Deberían, entonces, crear las traducciones al español un título para Mateo 18.20? No sólo esto, sino que se tiene que preguntar también por las consecuencias prácticas de delimitar Mt 18.20 de esta manera: ¿Es válido lo que dice el v. 18 para todas las reuniones de creyentes, sin importar cuál sea el motivo de la reunión? O quizás Mt 18.20 no sea una «perícopa» y tiene que ir junto a los demás versículos para formar una idea delimitable completa, la idea que el autor tenia en mente. Analizando esto se podrá dar con más certeza una respuesta a la pregunta en torno a lo que significa para la práctica lo que Jesús expresa en el v. 20: ¿En qué ocasión es válido lo que dice este versículo?

Algunos dicen que este versículo solamente se aplica al contexto de la disciplina dentro de la iglesia, ya que tiene que verse como parte de la «perícopa» que va desde el v. 15 y termina justamente en el v. 20.[18] Esto es debatible, como se podrá ver a continuación.

La conjunción «porque» [RV60] o «pues» [NTV] al inicio de Mt 18.20 justifica algo que se dijo anteriormente (*criterio gramatical*). Esto significa que se debe unir por lo menos al v. 20 también el v. 19. El v. 19 comienza con la conjunción «también» [NTV] que añade algo que se dijo anteriormente. En la RV60 el v. 19 comienza con «Otra vez os digo», que hace clara referencia a que se esta reiterando algo que se dijo anteriormente. Esto significa que al v. 20 debe añadírsele no solo el v. 19 sino también el v. 18. En cuanto a Mt 18.18 no hay indicación en el texto en español que obligue a unir este versículo con el v. 17. Más bien, hay que notar que los versículos 15-17 son dichos en segunda persona singular: «si tu hermano…», mientras que los versículos 18-19 son dichos en segunda persona plural: «Les aseguro…».[19] Esto significa que la perícopa puede bien comenzar con el v. 18.

De esta manera nos hemos asegurado de delimitar el texto «hacia atrás» en base a *criterios gramaticales*. Delimitando el texto «hacia adelante» vemos que Mt. 18.21 comienza sin indicadores que lo relacionan gramaticalmente al versículo anterior. La perícopa podría terminar con Mt 18.20.

Habiendo aplicado el *criterio gramatical* de observar las *conjunciones*/conectores entre los versículos y *cambios de singular a plural*, se podría determinar que la «perícopa» a delimitar es Mt 18.18-20.

Si observamos el texto en cuanto al *criterio de contenido,* podemos notar que Jesús habla en Mt 18.18-20 de la «autoridad con la que han sido empoderados los discípulos en general».[20] El caso específico de Mt 18.15-17 es dejado atrás.[21] Esto tiene entonces consecuencias claras para la aplicación del versículo 20. Delimitando el texto «hacia atrás» en cuanto al *criterio de contenido,* vemos que en Mt 18.15-17 Jesús habla del procedimiento en caso de que alguien haya cometido un pecado contra su hermano. Delimitando el texto «hacia adelante» en cuanto al *criterio de contenido,* en Mt 18.21 tenemos una vez más un cambio claro en cuanto al tema. A partir de Mt 18.22, Jesús responde a la pregunta de Pedro (Mt 18.21) respecto a las veces que debe perdonar a alguien que pecó contra él. Además, lo que Jesús estaba diciendo en Mt 18.1-19 parece ser en base a las preguntas de todos los discípulos (Mt 18.1) y ahora en Mt 18.21ss es en base a una pregunta individual de Pedro.

Desde el punto de vista del *criterio de contenido* se puede entonces considerar Mt 18.18-20 como una perícopa con un tema aparte: «autoridad con la que han sido empoderados los discípulos en general» o como un tema subordinado: «¿Qué hacer en el caso de pecados contra un hermano?» Mt 18.15-20. Nuevamente, esto tiene consecuencias para la aplicación práctica de Mt 18.20. Hecho el análisis previo, está claro que Mt 18.20 no debe ser considerado como una «perícopa» aparte. Es interesante ver además que los vv. 19 y 20 están unidos por la idea de los «dos» (v. 19) y los «dos o tres» (v. 20) que se «ponen de acuerdo» (v. 19) y se «reúnen» (v. 20), respectivamente[22] (*criterio de contenido*).

Gramaticalmente hablando hay, entonces, buenos argumentos para delimitar Mt 18.18-20 como una «perícopa». En cuanto al *contenido* esto también parece ser el caso.

Esto significa que lo que dice el versículo 20 no se aplica solamente a situaciones en las que dos o tres se reúnen para para ver casos de «disciplina eclesiástica», sabiendo que Jesús estará allí en medio de ellos. Esta es una opinión diferente a los que ven Mt 18.15-20 como una «perícopa» indivisible, tomando los versículos 15-17 como el caso base (la disciplina) para lo que Jesús dice luego en los versículos 18-20.

El versículo 20 debería verse, en base a los argumentos de delimitación propuestos, según el contexto de la autoridad con la que Jesús empodera a sus discípulos en general (Mt 18.18-20). El caso de la «disciplina» sería solo un motivo más para reunirse en el sentido de Mt 18.20.

El análisis exegético que debería seguir mostrará con más detalle si se puede mantener esta posición o no.

Ejercicios para practicar la delimitación de textos en perícopas

Imagínese que Ud. quiere predicar o preparar un devocional en base a los siguientes pasajes:

Jeremías 33.16-17; Miqueas 7.19; Jueces 5.4-5; Proverbios 1.5-6; Mateo 18.20; 1 Corintios 11.27-32; Lucas 11.29-32; Efesios 5.22-24; 1 Timoteo 2.11-12

- Decida para cada texto en base a qué versión de la Biblia en español. Ud. quiere hacer esta tarea (puede ser una versión distinta para cada texto)
- Luego vea el contexto textual, los versículos que anteceden y siguen, a cada uno de los pasajes mencionados, para saber si el pasaje, como se menciona, está completo o no.
- Haga esto utilizando los criterios arriba mencionados. De esta manera Ud. podrá fundamentar con argumentos, si los pasajes verdaderamente comienzan y terminan con los versículos mencionados.

Las tareas en cuanto a los pasos 1-10 en este libro tratan de dos textos ya delimitados. Para el Antiguo Testamento, el Salmo 1.1-6 y para el Nuevo Testamento, Efesios 4.1-6.

Parte II

Diez pasos hacia una interpretación de la Biblia según las Escrituras y el texto

El método de los diez pasos que presentamos aquí tiene como meta ofrecer a los intérpretes —*especialmente a aquellos que tienen que trabajar con las traducciones de la Biblia al español*— el apoyo que necesitan para poder explicar y aplicar las Sagradas Escrituras usando la reflexión, la razón y con responsabilidad respecto a lo bíblico y teológico. El principio consiste en aplicar este método ciñéndolo al propio texto y no a la inversa, es decir, que el texto bíblico se ciña al método. Cada metodología tiene meramente una función de servicio. Si el método concuerda con las Escrituras y el texto entonces es útil para la comunicación: Ayuda a que los demás puedan seguir los pensamientos del intérprete y que puedan evaluar en base al texto bíblico, si estos pensamientos realmente están de acuerdo con la voluntad revelada de Dios. Naturalmente, el método de los diez pasos que aquí se presenta, no garantiza una buena interpretación. Pero este método presenta un guion a seguir, que puede ayudar a que una mala interpretación sea menos probable. La división en varios pasos pequeños simplifica y hace posible la gran tarea de interpretar la Biblia. Entonces, metodológicamente dividiremos todo en varios pasos más pequeños («el método exegético en escalera»), solucionando estos desafíos parciales, de tal manera que hagan justicia a la naturaleza de la Biblia, para luego, al final, juntar todos los resultados individuales en un conjunto armonioso.

1   (Encarar el significado de la unidad textual para la actualidad)
2   (Resumir de manera precisa el mensaje de la unidad textual)
3   (responder a preguntas de carácter doctrinal que se desprenden de la unidad textual)

Introducción
al método de los diez pasos

El método de los diez pasos divide el proceso de interpretación en **tres** fases. Estas tienen como meta capacitar al intérprete para que sea capaz de extraer el «tesoro» de la Palabra de Dios, según las Escrituras y el texto. De esta manera, el intérprete podrá alabar junto al salmista: «Me alegro en tu palabra como alguien que descubre un gran tesoro» (Sal 119.162 NTV). En una *primera fase*, que lleva el título «Leer lo que dice ahí», se trata de obtener una **vista general** del texto. Para ello es necesario estudiar primero muy bien el «mapa del tesoro» de la Palabra de Dios. Parte de este primer estudio es que el intérprete simplemente lea y se familiarice con «lo que dice ahí» y que tome en cuenta y marque las piedras de tropiezo y los obstáculos obvios, para que más tarde no lo hagan caer en el camino hacia la meta. Así se va conociendo un poco el camino y examinando superficialmente el terreno. En una *segunda fase*, bajo el lema «Darse cuenta de qué se trata», se comienza a caminar y con empeño se busca el «tesoro». Por medio de un *examen más profundo* y una investigación más detallada del camino, se determina el lugar exacto donde se encuentra el «tesoro» y se prepara su extracción. El intérprete enfoca su atención en lo que «realmente es importante» y puede deshacerse ya de varias «piedras de tropiezo» para abrir el camino hacia la meta. Una vez localizado el tesoro y apartados los obstáculos y las piedras de tropiezo —o, mejor dicho, una vez integradas las piedras como elementos de construcción— el intérprete puede extraer definitivamente su tesoro en una *tercera fase*. Esta fase lleva el título «Identificar hacia dónde va el camino». Sin embargo, como los tesoros y las riquezas escondidas en la Palabra de Dios no sirven sencillamente para que el intérprete disfrute de una manera privada, esta fase trata de dos cosas: ofrecer un resumen del valor del tesoro y preparar su repartición (p. ej. la aplicación de la Palabra de Dios). Esta *mirada hacia delante* constituye la conexión y la base para la «exégesis de la realidad», de la situación actual que, en la preparación de una prédica, de un estudio bíblico o de un devocional, ayuda a enfocar precisamente en dónde tiene que dar la aplicación.[23]

El siguiente bosquejo muestra los distintos pasos individuales a tomar en el proceso de interpretación, de acuerdo con el método de los diez pasos:

Vista general
del método de los diez pasos

Vista general: Leer lo que dice ahí
Estudiar «el mapa del tesoro» — Marcar «las piedras de tropiezo»

Paso 1: Familiarizarse con el texto

- Leer la unidad textual varias veces en diferentes traducciones
- Captar el razonamiento de la unidad textual
- Marcar «las piedras de tropiezo»

Formarse una idea: Darse cuenta de lo que se trata
Empezar la «búsqueda del tesoro» — Quitar «las piedras de tropiezo»

Paso 2: Determinar la base textual

- Hacer una comparación de distintas traducciones de la unidad textual
- Determinar la base textual para la interpretación

Paso 3: Aclarar la situación comunicativa original

- Considerar la situación literaria en la que fue redactada la unidad textual
- Considerar la situación histórico-cultural en la que fue redactada la unidad textual
- Considerar la situación geográfica en la que se escribió la unidad textual

Paso 4: Captar el contexto de la unidad textual

- Determinar cómo encaja la unidad textual en el contexto del libro
- Averiguar la función de la unidad textual en el contexto de la sección/párrafo
- Delimitar la unidad textual
- Considerar los textos paralelos a la unidad textual
- Ponderar la armonización cronológica de la unidad textual en el contexto de las Escrituras

Paso 5: Examinar a qué tipo de texto pertenece la unidad textual

- Determinar el género literario de la unidad textual
- Determinar las formas literarias de la unidad textual
- Descifrar los modismos/figuras literarias en la unidad textual

Paso 6: Reconocer los términos y su interconexión en la unidad textual

- Ponderar las palabras de la unidad textual
- Analizar las oraciones de la unidad textual

Paso 7: Desarrollar el razonamiento (la línea de pensamiento) de la unidad textual

- Realizar un diagrama textual (diagrama de flujo)
- Explicar la estructura de la unidad textual

Paso 8: Responder las preguntas doctrinales de la unidad textual

- La observación bíblico-teológica
- La observación sistemático-teológica

Perspectiva: Decir hacia dónde va el camino
Extraer «el tesoro» —Las «piedras de tropiezo» se convierten en elementos de construcción

Paso 9: Resumir de manera precisa el mensaje de la unidad textual

- Formular el tema del texto
- Redactar el bosquejo del texto

Paso 10: Encarar el significado de la unidad textual para la actualidad

- Reconocer el lugar en el que uno mismo está respecto a la historia de la salvación
- Reconocer el lugar en el que se encuentra la unidad textual en la historia de la salvación
- Situar la unidad textual en el contexto de la revelación continua
- Descubrir la aplicación relevante en relación con la historia de la salvación para la actualidad
- Realizar la aplicación de la unidad textual

Tenemos la expectativa de contar con lectores motivados, que tengan paciencia y perseverancia. En los capítulos que siguen vamos a explicar los principios básicos de una exégesis bíblico-histórica. Es decir, cómo se puede lograr una interpretación de la Biblia según el texto y las Escrituras. Es nuestra esperanza encontrar lectores que estén convencidos que vale la pena prepararse de manera intensiva para llegar a una interpretación de la Biblia que se ciña a las Escrituras y al texto y que decidan, por ello, pasar por el proceso completo. A pesar de todo, uno que otro pueda que se pregunte: «¿Realmente lograré pasar por todos estos pasos detallados de interpretación como preparación para mi próxima prédica, estudio bíblico, devocional, etc.?» No, seguro que no. Se necesita práctica, perseverancia y diligencia. La interpretación requiere que se practique paso por paso. No obstante, a largo plazo uno puede adquirir de esta manera habilidades amplias para la interpretación de la Biblia. Uno recibe las herramientas necesarias con las que se pueden preparar prédicas, estudios bíblicos y devocionales de manera efectiva y detallada. Poco a poco ya no requerirá tanto tiempo.

Es igual como en las clases de manejo. Primero uno no conoce las maniobras y las palancas. Uno tiene que memorizar conscientemente cada secuencia de movimientos (pisar el embrague, poner la palanca de cambios en primera, soltar el embrague poco a poco, pisar el acelerador con cuidado… y, se volvió a apagar el carro). Más tarde, sin embargo, cuando se ha adquirido suficiente práctica, se hace todo sin pensarlo siquiera.

No hay un camino rápido para lograr devocionales y prédicas de buena calidad, que transmitan lo que Dios demanda y lo que promete por medio de su Palabra y que se haga según el texto y las Escrituras. Sin embargo, vale la pena el arduo camino para llegar a la meta. La meta de nuestra interpretación es y sigue siendo el descubrimiento del significado *original* (= literal; lo que Dios quiso decir por medio de los autores bíblicos), *natural* (= según el texto; ya sea literal o figuradamente) y *general* (= según las Escrituras; según el testimonio general de la Biblia) del texto bíblico en el pasado, el presente y el futuro. Para lograr esto es importante que el intérprete reconozca que la interpretación de la Biblia es tarea conjunta de la iglesia de Dios. Por eso, la interpretación tiene lugar cuando escuchamos en comunión la Palabra de Dios, la cual fue revelada y escrita,

> [para] que puedan comprender, como corresponde *a todo el pueblo de Dios*, cuán ancho, cuán largo, cuán alto y profundo es su amor. Es mi deseo que experimenten el amor de Cristo, aun cuando es demasiado grande para comprenderlo todo. Entonces serán completos con toda la plenitud de la vida y el poder que proviene de Dios. (Ef 3.18-19 ntv).

Este proceso de escuchar y adquirir conocimiento en comunión se puede expresar también, por ejemplo, por medio del uso de libros de consulta que otros han escrito, algo que se adecua a esta perspectiva espiritual y teológica. Deberíamos utilizar estas ayudas con precaución, y evitar revolver demasiado con ellas en la fuente, las Escrituras, para que el agua clara no se vuelva turbia. En todo esto, la meta de nuestra interpretación nunca es descubrir a toda cuesta algo único o nuevo, sino captar la voluntad de Dios y comunicarla de manera clara y comprensible.

> A veces el camino más largo es el más rápido, no sólo porque llegamos a la meta con más seguridad, sino porque abre la

posibilidad para alcanzar la meta con una mayor cantidad de experiencia. Esto puede ser así, porque hemos visitado lugares nuevos a lo largo del camino, o porque un lugar nos parece más conocido si reconstruimos los procesos que fueron necesarios para llegar ahí.[24]

La persona que está dispuesta a comprometerse con la búsqueda del «tesoro» en la Palabra de Dios, gracias al método de los diez pasos, va a poder interpretar el texto bíblico en español de manera clara y con buenos argumentos al final de su viaje exegético. Esta persona habrá aprendido a descubrir e interpretar la estructura literaria de textos bíblicos, a tomar en cuenta la situación histórica, a crear diagramas textuales (diagramas de flujo) que ilustran la ilación del pensamiento del autor, a separar el texto en secciones que sirven como base para una predicación bíblica, a descubrir el pensamiento principal de la unidad textual, formulándolo en lo que viene a ser el tema del texto y, sobre esta base, transferir el texto bíblico a la actualidad y aplicarlo para el futuro.

> «¿Habéis entendido todas estas cosas? Ellos le dijeron: Sí.
> Y Él les dijo:
> *Por eso todo escriba que se ha convertido en un discípulo del*
> *reino de los cielos es semejante al dueño de casa que saca de*
> *su tesoro cosas nuevas y cosas viejas».* (Mt 13.51–52 ʟʙʟᴀ)

La vista general:

Leer lo que dice ahí

Estudiar «el mapa del tesoro»

Marcar «las piedras de tropiezo»

«Abre mis ojos,
para que vea las verdades maravillosas
que hay en tus enseñanzas».
— Sal 119.18 NTV

Familiarizarse con el texto

Para no perderse demasiado rápido en los detalles del texto es necesario conocerlo primero desde un punto de vista general. No tiene sentido lanzarse inmediatamente sobre un problema en el texto y quedarse estancado en los detalles. Si lo hiciéramos, rápidamente nos despistaríamos de la vista general y panorámica y nos perderíamos en caminos secundarios o incluso podríamos ir por mal camino. Hablando figuradamente, hay que retroceder algunos pasos y mirar el texto bíblico como un todo. La persona que al comenzar la interpretación se toma el tiempo para familiarizarse bien con el texto y que aprende a plantearse las preguntas correctas, corre menos riesgo de convertir acontecimientos secundarios en elementos principales durante su trabajo con el texto.

PRINCIPIO BÁSICO:

¡Lo más importante es que lo más importante
no deje de ser justamente eso: lo más importante!

Hay tres pasos prácticos que nos pueden ayudar en la primera fase de la interpretación. Estos nos pueden ayudar a familiarizarnos con el texto teniendo una visión general de este:

- Leer el texto varias veces en diferentes traducciones.
- Observar el razonamiento desarrollado en el texto.
- Observar qué preguntas y problemas en el texto necesitan ser examinados más detalladamente. Estos se pueden marcar como posibles «piedras de tropiezo».

(1) Leer la unidad textual varias veces en diferentes traducciones

Adolf Schlatter enfatizó repetidas veces que nuestra obligación más grande como intérpretes de las Escrituras es,

> que en el área de trabajo que nos ha sido encomendada lleguemos a ver, a observar de manera casta y limpia, a reconocer lo que realmente está sucediendo o ha sucedido [...]. La ciencia es en primer lugar observar; en segundo observar, observar; en tercer lugar, observar y una y otra vez es observar.[25]

Y así comienza la interpretación de manera muy simple. Comienza con leer, leer y leer una y otra vez. Tengo que conocer el texto a fondo. Tiene que acompañar mis pensamientos. Tengo que sentirme como en casa, familiarizado con el texto.

Empezando a leer una y otra vez «lo que dice ahí», por ejemplo, en las mañanas durante el devocional personal, el texto empieza a vivir conmigo y dentro de mí, se convierte en algo vivo para mí. Así me puede acompañar a lo largo de mi día, y en la noche lo leo nuevamente. «Estudia constantemente este Libro de instrucción. *Medita en él de día y de noche para asegurarte de obedecer todo lo que allí está escrito*. Solo entonces prosperarás y te irá bien en todo lo que hagas» (Jos 1.8 NTV).

A pesar de que Josué recibió una revelación directa de parte de Dios, es decir, que Dios se dirigió directamente a él (comparar Josué 1.1-5 con Números 12.7-8), Josué debió guiarse por la Palabra de Dios —que ya existía en forma escrita[26]— para saber cómo vivir diariamente según la voluntad de Dios. Por medio del estudio de las Sagradas Escrituras él debió aprender a pensar divinamente y a actuar de acuerdo con esa instrucción de Dios. Ya que este acceso inmediato y directo a Dios ha dejado de ser posible (Heb 1.1-2), dependemos más que Josué de un trato continuo (= «día y noche») y concienzudo («ni a la izquierda ni a la derecha» = no añadir nada ni dejar algo de lado; comparar con Dt 4.2; 13.1) de la instrucción escrita de Dios.

El verbo «hagah», que se usa en Josué 1.8 en relación con el estudio de las Escrituras (= *investigar, observar, reflexionar*), pertenece en realidad a dos contextos totalmente distintos. Por un lado «hagah» designa el arrullo de las palomas. En Is 38 el rey Ezequías, quien estaba sumido en enfermedad, clama a Dios por ayuda y este clamor por auxilio se compara con el arrullo de una paloma que busca su indispensable alimento (Is 38.14). Por otro lado, «hagah» designa el gruñido satisfecho de un león que ha cazado su presa (Is 31.4).

Aplicando lo dicho, notamos que cuando se habla de observar la instrucción de Dios, de lo que se trata es de un anhelo hambriento de una palabra de Dios que aclare, que sea útil y que muestre el camino —el arrullo de la paloma. Luego le sigue el sonido de una feliz satisfacción —el gruñido del león, que no deja que nadie le quite su presa y que por ello nada le asusta. Hay que aprender a lidiar con este arco de tensión cuando se estudian las Escrituras. El estudio de las Escrituras es ese «murmullo», es el «leerse-a-sí-mismo» las Escrituras, susurrando en voz baja, es el mascullado y susurro entregado, apasionado y anhelante de un ser humano, que trata de descifrar laboriosamente cada palabra en su rollo[27] y las pronuncia a media voz para luego repetir lo leído, entenderlo y grabárselo en la memoria (comparar con lo que dice Sal 1.1-2).

La instrucción de Dios es leíble, leíble en voz alta, entendible y por ello algo que entra en nuestra experiencia. Nosotros podemos recitarnos esta instrucción, podemos disfrutar la Palabra, consumirla. Sin embargo, es como cuando comemos. Uno puede llegar a estar satisfecho cuando se alimenta, pero uno nunca puede llegar a comer de una vez por todas. Uno no puede quedar satisfecho en base a una sola comida. Así uno nunca tiene la Palabra de una vez por todas, al igual que un león nunca caza su presa sólo una vez. Por ello debemos caminar buscando como una paloma. Ambas cosas van juntas, la satisfacción sobre lo que ya se tiene y el anhelo de lo que está allí, pero que todavía no ha sido encontrado. Solamente puede disfrutar la Palabra de Dios quién la busca con pasión y quién se apropia de ella.[28]

Una y otra vez permito que el texto ejerza influencia sobre mí en su totalidad. Lo leo orando: «Abre mis ojos, para que vea las verdades maravillosas que hay en tus enseñanzas» (Sal 119.18 NTV). De esta manera el intérprete se acerca a la interpretación con la actitud correcta —no como alguien que quiere dominar la Biblia con sus métodos, sino como una persona que escucha, que quiere percibir la voz de Dios. La lectura repetida del texto no quiere poner en marcha algún tipo de procesos mentales meditativos, que livianamente alejan a la persona del contenido del texto. Sino más bien, es el texto mismo el que debe ser enfocado por la mirada del lector.

Desde un inicio es útil leer el texto bíblico en diferentes traducciones para escucharlo cada vez de nuevo y de otra manera. Con el texto de la traducción que solemos utilizar, y que nos es familiar, muchas veces ya conectamos ciertas interpretaciones o maneras de verlo. El riesgo de que dejemos de escuchar lo que realmente dice ahí es demasiado grande. Pero si realmente queremos conocer a profundidad el texto mismo —y no sólo con nuestros pensamientos usuales acerca de él—, entonces debemos contrarrestar este peligro. Una lectura atenta, en todo caso en una traducción que no conocemos tan bien, quizás también en una traducción en otro idioma (o claro, para el que puede, ¡en el texto original en griego o hebreo!), ayudará. También es posible leer el texto primero en una traducción más «literal», orientada hacia la formulación y la estructura original; y luego en una traducción más «interpretativa», que está orientada a captar el sentido del contenido. Estas diferentes maneras de traducir ayudan a conocer íntimamente la forma y el contenido del texto original. Tome en consideración la advertencia de Christoph Stenschke:

> Creer que a primera vista uno lo puede comprender todo, es a las finales soberbia. Pensar que hay que captar todo a primera vista lo pone a uno bajo una presión innecesaria. Nadie puede ni necesita hacerlo. Tiene que ver con la naturaleza de la Biblia que nosotros vayamos a necesitar una segunda, tercera, cuarta y quizás más miradas.[29]

A continuación, tendrá la oportunidad de ejercitar cada uno de los pasos de interpretación de manera práctica. Donde sea necesario, vamos a demostrar primero el paso en un texto ejemplar. El lector que no sólo quiere leer algo acerca de la interpretación de la Biblia, sino que también quiere aprender a interpretar por su propia cuenta, tiene la posibilidad de practicar el paso de interpretación que ha sido previamente presentado utilizando un texto del Antiguo Testamento (Sal 1.1-6) y un texto del Nuevo Testamento (Ef 4.1-6).

Ejercicios para practicar el paso 1.1

Utilizando el Salmo 1.1-6:	Utilizando Efesios 4.1-6:
Lea el texto cinco veces con mucha atención. De esas cinco veces, dos como mínimo deberían ser en otras traducciones.	Lea el texto cinco veces con mucha atención. De esas cinco veces, dos como mínimo deberían ser en otras traducciones.
Asegúrese que, por lo menos, una de las versiones utilizadas sea una traducción más «literal» (p. ej. BTX, RV60, LBLA, NVI, etc.) y la otra sea una traducción más «explicativa» (DHH, TLA, etc.).	Asegúrese que, por lo menos, una de las versiones utilizadas sea una traducción más «literal» (p. ej. BTX, RV60, LBLA, NVI, etc.) y la otra sea una traducción más «explicativa» (DHH, TLA, etc.).

(2) Observar el razonamiento desarrollado en la unidad textual

El sentido más profundo de la lectura repetida que se practicó en el ejercicio anterior fue dar a conocer al intérprete, de manera general, cómo esta formulado el texto. No obstante, a esta concentración en el texto bíblico se le debe aplicar una guía de manera concreta. Dos preguntas nos pueden ayudar a acceder al razonamiento de una sección determinada de la Biblia.

- ¿Cuál es el pensamiento central del texto? y
- ¿Cómo se desarrolla el pensamiento central del texto o el hilo conductor?

a) La pregunta por el pensamiento central

Primero, se trata de encontrar el pensamiento central del pasaje. Note, por favor, que ¡«pensamiento central» no significa que este pensamiento del texto «es el que tiene más que hablarme a mí»! Más bien, se trata de determinar lo que el autor deseaba expresar con el pasaje entero.

A veces el mismo escritor bíblico formula su pensamiento principal en un versículo central de una sección específica. Por ejemplo, el tema central de 1Ts 4.1-8 se resume muy bien en la declaración del versículo 3: «La voluntad de Dios es que sean santificados…». Sin embargo, es común que el autor no mencione el pensamiento central. En ese caso, el intérprete tiene que extraer el tema central del sentido de toda la sección que está bajo escrutinio y formularlo por su propia cuenta. El intérprete tiene que considerar las distintas declaraciones/afirmaciones que hay en el texto para ver a qué tema en común apuntan.

Se debería formular el pensamiento principal de tal manera que se ciña al pasaje completo, ni más ni menos. No debe ser tan general que se ciña por igual al capítulo anterior y al posterior. Y su formulación no debe ser tan estrecha que sólo se ciña a algunos versículos y no a toda la sección de texto que se esta estudiando. Un pensamiento central bien formulado es como el techo de una casa que encaja con precisión: no sobresale, ni tampoco es demasiado angosto.

Casa sin techo	Techo demasiado ancho	Techo demasiado angosto	Techo movido
No se ha formulado un pensamiento central	El pensamiento central seleccionado es demasiado ancho	El pensamiento central seleccionado es demasiado estrecho	El pensamiento central no concuerda con el texto
→ El texto no expresa un tema específico	→ El tema expresa más de lo que el texto quiere decir	→ El tema sólo se ciñe a una parte del texto	→ El tema está desfasado del texto

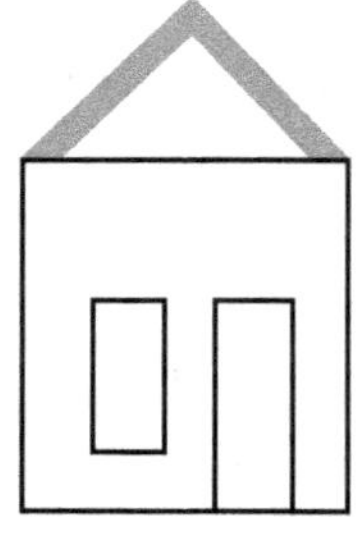

El techo se ciñe exactamente a la casa:
¡El pensamiento central («tema») se ajusta exactamente al texto!

Puesto que estamos intentando definir el pensamiento central muy pronto en el proceso de interpretación, esta definición nos servirá sólo de tentativa. Estrictamente hablando, en el caso de esta definición, se trata de una suposición provisional, una hipótesis de trabajo sobre la cual basaremos los esfuerzos interpretativos que seguirán a continuación. La interpretación detallada y exacta que sigue a continuación tendrá que elaborar este pensamiento central, lo tendrá que mejorar y quizás cambiar, para que realmente concuerde con el texto. Pero es importante que lo que piensa el intérprete se enfoque desde un inicio en reconocer la intención y la inquietud central del autor bíblico. Para acceder de una manera más profunda a los pensamientos de Dios y de los escritores bíblicos encargados e inspirados por él, es necesario tomar en cuenta cómo se desarrolla en detalle el pensamiento o razonamiento central que acabamos de determinar en el texto.

b) La pregunta por el hilo conductor

Una vez reconocido el pensamiento principal del texto, el siguiente paso consiste en analizar cómo el autor estructuró el pasaje, es decir, la unidad textual que se está analizando. Intentamos reconocer cómo se desarrolla el hilo conductor, es decir, el razonamiento en el texto y cómo aporta cada pensamiento individual al tema central.

Para tener cada vez más claro el razonamiento empleado, puede ser útil parafrasear el texto con palabras propias y así expresar lo que el autor bíblico está haciendo y queriendo decir en cada parte del texto. Por ejemplo: «El salmista inicia el salmo afirmando que la persona temerosa de Dios es bienaventurada. Primero describe lo que esa persona *no* hace…», etc. (Sal 1).

Con este primer paso —la lectura repetida del texto, la formulación provisional del pensamiento central y el haber captado el razonamiento empleado— el intérprete ha adquirido una buena primera vista general del texto.

Los siguientes ejercicios se deberían trabajar por escrito:

Ejercicios para practicar el paso 1.2

Utilizando el Salmo 1.1-6	Utilizando Efesios 4.1-6
Formule en una frase corta y completa cuál es el pensamiento central de este Salmo.	Formule en una frase corta y completa cuál es el pensamiento central de este texto.
Repita con sus propias palabras el razonamiento empleado en el Salmo 1.1-6 de manera corta y específica para describir el hilo conductor.	Repita con sus propias palabras el razonamiento empleado en Ef 4.1-6 de manera corta y específica para describir el hilo conductor.

(3) Marcar las «piedras de tropiezo»

Parece que el lema de muchos pastores y también de bastantes intérpretes de la Biblia (tal como lo demuestran muchos comentarios bíblicos) es: «¡Los problemas en el texto está allí para que los evitemos!». Puede ser frustrante para una iglesia si sucede lo siguiente: El domingo por la mañana el pastor lee el texto bíblico en el que se basa la prédica. Este pasaje contiene un tema polémico o una sección problemática que es difícil de entender o una parte que ofrece retos a la vida diaria. Obviamente, algunos de los oyentes están interesados en la Biblia y tienen la esperanza que la prédica aclare varias de estas áreas oscuras. Sin embargo, ¿qué sucede si el pastor sencillamente evita de manera elegante los problemas que se presentan en el texto bíblico? ¿Qué pasa si describe detalladamente todo lo que el oyente también hubiera podido saber por su propia cuenta, pero ignora lo que realmente habría requerido ayuda para entender y una respuesta? ¿Qué se supone que deberíamos pensar de una prédica que constantemente utiliza vocabulario bíblico, el cuál ya no existe en el lenguaje que se usa a diario, sin explicar su significado y traducir su contenido a conceptos que todos entiendan?

Para evitar este tipo de percances es importante que, al empezar con los trabajos exegéticos, en la preparación del sermón, no se ignoren los problemas y las preguntas, sino que en lo posible se encaren y se halle la solución. Podría convertirse en un buen hábito para el intérprete, después de haber obtenido una vista general del texto, apuntar lo que tiene que examinar y aclarar más profundamente en los análisis que siguen a continuación (pasos 2-8).

De esta manera, sería posible formular muchas preguntas más para guiar esta fase del trabajo interpretativo. Lo importante es, que el intérprete se dé cuenta de todos los puntos que necesitan ser aclarados y tome nota de ellos.

En nuestra experiencia, especialmente para el intérprete poco experimentado, lo más eficaz será si recurre a resúmenes ya existentes que le ofrezcan una vista panorámica del pasaje. Estos resúmenes se pueden encontrar en las distintas Biblias de Estudio, como la Biblia de Estudio NVI, Reina Valera 1960 con las Notas Harper/Caribe, Biblia de Referencia Thompson - RVR 1960, Biblia de Estudio Scofield — RVR 60, etc.

Sin embargo, cuando se estudia el «mapa del tesoro», hay algo que uno debería considerar si recurre inmediatamente a este tipo de ayuda: la manera en que uno va conociendo más a fondo el texto bíblico es leyéndolo y estudiándolo uno mismo y no recurriendo completamente a los comentarios de una Biblia de Estudio (véase Hch 17.11).

Pautas prácticas para el paso 1.3

- ¿Qué palabras o términos no conoce según su significado normal o su significado teológico? ¿Qué términos (utilizados quizá frecuentemente) le parecen ser conocidos, pero deberían examinarse con mayor profundidad respecto a su contenido bíblico?
- ¿Qué acontecimientos históricos o costumbre culturales, que el texto menciona, tienen que ser aclarados?
- ¿Hay problemas doctrinales en el texto que quizás se deberían examinar en un contexto más amplio?
- ¿Es difícil la estructura del pasaje bíblico? ¿Hay versículos que son difíciles de integrar en el razonamiento general del pasaje?
- ¿Hay formulaciones problemáticas en el texto? Si la lectura del texto, comparando diversas traducciones al español, ha revelado diferencias entre las traducciones, estas diferencias y sus razones deberían ser examinadas.
- ¿Se debe entender lo que dice el texto de manera literal o figurada?
- ¿Conoce el intérprete las distintas interpretaciones del texto? ¿Cuál de ellas resultará ser la mejor a las finales?

Con esto termina la *vista general* (paso 1) y el intérprete se puede dedicar al análisis detallado de cuestiones específicas, echando una *mirada* más profunda al texto (pasos 2-8).

Ejercicios para practicar el paso 1.3

Utilizando el Salmo 1.1-6	Utilizando Efesios 4.1-6
En base a la lista de preguntas formuladas arriba en las pautas prácticas para el paso 1.3 (y otras similares), desarrolle una lista con por lo menos cinco puntos problemáticos en este Salmo que debe aclarar en el análisis exegético que sigue.	En base a la lista de preguntas formuladas arriba en las pautas prácticas para el paso 1.3 (y otras similares), desarrolle una lista con por lo menos cinco puntos problemáticos en Efesios 4.1-6 que debe aclarar en el análisis exegético que sigue.

Formarse una idea:

Darse cuenta de lo que se trata

Empezar «la búsqueda del tesoro» — Quitar «las piedras de tropiezo»

> *«La enseñanza de tus palabras ilumina;*
> *y hasta la gente sencilla las entiende».*
> — Sal 119.130 RVC

En la segunda fase, el intérprete tiene que apartar las «piedras de tropiezo» que ya fue descubriendo y marcando en la primera fase de la interpretación, para poder descubrir y recuperar el «tesoro» que Dios tiene para nosotros en la Biblia. Para lograr esta tarea es necesario dividirla en pasos individuales manejables. Cada uno de estos pasos se apoya en los anteriores. Así es posible lograr un trabajo de interpretación exacto y detallado. En siete pasos de trabajo (pasos 2-8) queremos surcar un camino que permita descubrir con exactitud y con argumentos claros el significado original del texto y con ello el sentido que Dios tuvo en mente originalmente. Este viaje exegético, es decir, nuestra «búsqueda del tesoro», pasará de esta manera por diferentes estaciones. En estas paramos, pasamos un rato y analizamos con cuidado nuestro «mapa del tesoro». Así nos formamos una idea cada vez más profunda y obtenemos nuevos conocimientos, que nos ayudan a reconocer el camino a seguir y a ver cada vez más claramente la meta de nuestro viaje. Nuestro viaje exegético comienza cuando determinamos la base textual (paso 2) y sigue cuando aclaramos la situación comunicativa original (paso 3), reconocemos el contexto de la unidad textual (paso 4), examinamos las particularidades literarias del texto (paso 5), reconocemos el significado y la interrelación de los términos (paso 6), desarrollamos el razonamiento en base a un diagrama textual (diagrama de flujo) (paso 7) y también damos solución a problemas bíblico-teológicos de la unidad textual (paso 8).

Empecemos, entonces, la tarea desafiante, pero gratificante, de aprender a hacer y practicar una interpretación minuciosa y comprensible de la Biblia. Lo hacemos sabiendo

- que muchos de los pasos sólo se pueden aprender como proyecto a largo plazo (por ejemplo, adquirir informaciones sobre el trasfondo histórico de la Biblia);
- que muchas cosas no sólo tienen que leerse sino y, ante todo, practicarse;
- y, que muchas cosas que al comienzo parecen difíciles y lentas, más tarde serán más fáciles, luego de haber adquirido práctica en el trabajo interpretativo.

Determinar la base textual

La meta de cada trabajo serio de interpretación consiste en entender lo que Dios quiso expresar originalmente con el texto bíblico por medio del lenguaje utilizado por el escritor bíblico. El intérprete no debería quedar satisfecho con una meta menor, a pesar de que la meta es difícil de alcanzar, porque nuestro conocimiento es imperfecto, como bien sabemos. Por eso tenemos que preocuparnos primero por determinar la base textual de nuestro pasaje (análisis «crítico textual»). Se trata de recuperar o reconstruir el texto original de un documento. La revisión, es decir, es necesario que se determine la base textual del pasaje que se quiere interpretar, porque el intérprete actual de la Biblia se ve confrontado con dos problemas:

● **Variaciones o diferencias en base a la transmisión del texto respectivamente**

Los manuscritos originales de los documentos que constituyen la Biblia, tal como Dios nos los dio alguna vez por medio de la inspiración de los autores bíblicos, ya no existen. También en los idiomas originales, hebreo, arameo y griego, sólo tenemos copias —enteras o parciales— de la Biblia. Antes de que se inventara la imprenta (alrededor del año 1500 d. C.) los textos bíblicos todavía se tenían que copiar a mano y con arduo trabajo. En las escuelas judías, en las que se copiaba la Torá hebrea, y en los monasterios cristianos, donde monjes copiaban el Nuevo Testamento, se trabajaba con muchísimo cuidado. Pero a pesar de todo podían ocurrir pequeños cambios en comparación al original. Esto llevó a que, a lo largo de los siglos, se originaran una gran cantidad de variantes textuales. Las variantes más importantes generalmente se indican en las ediciones actuales del texto original tanto del Antiguo como del Nuevo Testamento. Estas referencias a variantes se encuentran en las notas al pie de página, conocidas como el aparato. El intérprete diligente no debería desear interpretar la versión copiada por algún monje. Más bien, se tiene que preocupar por interpretar el texto original, tal como Dios lo inspiró. La meta de este segundo paso entonces es asegurarnos que estamos trabajando con la mejor forma posible del texto, es decir, con la versión más cercana al original. Las variantes del texto que conocemos hoy generalmente se originaron en errores al momento de leer, de dictar o de escribir. Por ejemplo, podían confundirse letras parecidas, dividirse o unirse palabras de manera equivocada o, intercambiarse letras (metátesis). Algunos errores fueron causados por confundir palabras con la misma terminación (homoiotéleuton) o con el mismo comienzo (homoioárcton) respectivamente, o, porque se omitió una de dos letras o combinaciones de letras iguales o parecidas (haplografía), o, porque se repitió una letra o una combinación de letras (ditografía), respectivamente.

● **Variaciones o diferencias en base a la traducción respectivamente**
El otro problema se presenta a causa de la gran variedad de traducciones de la Biblia. Incluso en el caso de buenas traducciones, se presenta el siguiente problema: la forma del idioma y las posibilidades de significado en el texto original, del cual se traducen, nunca se pueden expresar al cien por ciento en el idioma al cual se traduce. Además, cada traducción es influenciada, hasta cierto punto, por el entendimiento bíblico y la interpretación del traductor. Porque cuando una palabra o una frase en el idioma original puede significar una variedad de cosas, entonces el traductor al final tiene que decidirse por una de estas posibilidades para incluirla en la traducción final. Obviamente, cuando hace esto, el traductor también debe tener el propósito de reconocer y transmitir lo más claramente posible lo que el escritor de la Biblia quiso decir originalmente.

—————————— **PRINCIPIO BÁSICO:** ——————————

*La crítica textual sirve para investigar la forma original
del texto, comparando diferentes traducciones y versiones.*

Entonces, la tarea de la crítica textual no es hacer una crítica al contenido de la Biblia. La tarea de la crítica textual es aclarar, si el texto que estamos leyendo concuerda con el texto que el autor inspirado escribió originalmente. Por estas razones el intérprete que trabaja con el texto en español primero deberá comparar diferentes versiones de la Biblia en español, para percibir posibles problemas (1). En un segundo paso, basándose en estos resultados, deberá determinar la base textual para la interpretación (2).

(1) Hacer una comparación de distintas traducciones de la unidad textual

La problemática anteriormente indicada, da como resultado una meta doble para la comparación de traducciones. Por un lado, se intentará reconocer como tales las variantes que han sido añadidas al texto a lo largo del tiempo (a veces estas variantes aparecen en las anotaciones al pie de página de las traducciones al español) para obtener de esta manera una base textual estable para la interpretación. Porque obviamente nuestra predicación y enseñanza no debe basarse en pasajes que no eran parte del texto bíblico original. Y, por otro lado, la comparación de traducciones al español puede revelar posibles significados que yacen en el texto original. Para mostrar cómo se puede hacer eso, vamos a presentar a continuación en detalle los diferentes problemas a solucionar, así como sus trasfondos y causas.

a) El problema de las variantes textuales

Dediquémonos a la primera problemática: al de las variantes textuales causadas por las diferentes transcripciones manuales del texto. El Nuevo Testamento ha sido transcrito mejor que cualquier otro libro de la Antigüedad. Más de cinco mil manuscritos griegos del Nuevo Testamento o de algunas de sus partes han sido conservados hasta nuestros tiempos. Algunos de ellos se remontan a tiempos muy tempranos. Los manuscritos más importantes del Antiguo Testamento datan del primer milenio d. C., pero también se ha encontrado en Qumrán piezas importantes del tiempo antes de Cristo. Y del Antiguo Testamento hebreo sabemos que en el judaísmo oficial este ha sido copiado y transcrito muy cuidadosamente. Porque, si se encontraba en un rollo de la Torá sólo un error de copia, entonces se desechaba todo el rollo en la sinagoga judía [no se destruía, sino que se guardaba en cuarto especial, enterrándolo allí, figuradamente hablando]. Pero a pesar de todo esto, tanto en relación con el Antiguo como con el Nuevo Testamento, hay una cantidad bastante grande de distintas variantes que aparecieron a lo largo de la transmisión de los textos. Sin embargo, estas variantes raramente son de importancia y probablemente no conciernan a ningún punto central de la enseñanza bíblica de manera seria.

Sin embargo, al comparar diferentes traducciones de la Biblia al español, el lector se encuentra una y otra vez con estas distintas variantes textuales. Por ejemplo, en la traducción Reina Valera 1960 uno lee en Mateo 6.4 la promesa que el Padre celestial recompensará las limosnas «en público». En la Nueva Versión Internacional o en la Nueva Traducción Viviente en ningún lugar aparece la frase «en público». Las palabras «en público», que tampoco encajan bien en el contexto, no se encuentran en los mejores y más antiguos manuscritos griegos.

A veces, pero en principio sólo en pocos pasajes, la comparación de diferentes traducciones al español revela diferencias muy marcadas. Así, por ejemplo, Lucas 9.54-56 presenta el siguiente esquema (véase el esquema que sigue)

Nueva Traducción Viviente (NTV)	La Biblia de las Américas (LBLA)	Reina Valera 1960 (RV60)
(54) […]: Señor, ¿quieres que hagamos bajar fuego del cielo para que los consuma?	(54) […]: Señor, ¿quieres que mandemos que descienda fuego del cielo y los consuma?	(54) […]: Señor, ¿quieres que mandemos que descienda fuego del cielo, como hizo Elías, y los consuma?
(55) Entonces Jesús se volvió a ellos y los reprendió.	(55) Pero Él, volviéndose, los reprendió, y dijo: Vosotros no sabéis de qué espíritu sois,	(55) Entonces, volviéndose él, los reprendió diciendo: Vosotros no sabéis de qué espíritu sois,
(56) Así que siguieron de largo hacia otro pueblo.	(56) porque el Hijo del Hombre no ha venido para destruir las almas de los hombres, sino para salvarlas. Y se fueron a otra aldea.	(56) porque el Hijo del hombre no ha venido para perder las almas de los hombres, sino para salvarlas. Y se fueron a otra aldea.

La Nueva Traducción Viviente (NTV) tiene, en comparación con las dos otras traducciones, el texto más corto (por cierto, esta es la forma como lo presentan los manuscritos griegos más antiguos). En una nota al pie de página de la NTV se menciona que en el versículo 54: «Algunos manuscritos incluyen *como hizo Elías*». Respecto a los versículos 55 y 56 se puede leer al pie de página: «Algunos manuscritos amplían el versículo 55 e incluyen una oración adicional en el versículo 56: Y él dijo: "*Ustedes no se dan cuenta de cómo es su corazón. 56Pues el Hijo del Hombre no vino a destruir vidas, sino a salvarlas*"».

Anotaciones similares se pueden observar también al pie de página en la traducción Dios Habla Hoy (DHH). En la Biblia de Estudio Harper-Caribe, que utiliza la RV60 como su texto base, se lee en sus anotaciones al pie de página respecto al versículo 54: «Otros omiten *como hizo Elías*. Además, dice refiriéndose al versículo 55: "Otros omiten *diciendo: Vosotros no sabéis de que espíritu sois; porque el Hijo del Hombre no ha venido para perder las almas de los hombres sino para salvarlas*"».

En la Biblia Textual (BTX) leemos al pie de página respecto al versículo 54 algo interesante: se dice que manuscritos inferiores (de menor calidad) «añaden *como hizo Elías*». Respecto al versículo 55 se anota que manuscritos inferiores (de menor calidad) «armonizan el texto con Lc 19.10 [comparando con] Juan 3.17». Lo mismo sucede respecto al versículo 56, para el cual se remiten al comentario anterior, anotando la «preferencia de la lectura más corta».

Comparando las anotaciones hechas a estos versículos en las diversas versiones presentadas, se llega rápidamente a la conclusión que el texto, como nos lo presenta la NTV o la BTX, es la forma más confiable. El texto es presentado de esta manera también por otras traducciones más recientes. Aquí no nos referimos a revisiones de traducciones, como la Reina Valera Contemporánea (RVC), que se hizo en base a las revisiones previas de la traducción de Casiodoro de Reina y Cipriano de Valera, que sigue utilizando el texto largo. Pero, por lo menos, lo ponen en paréntesis: [Y les dijo: «Ustedes no saben de qué espíritu son. 56Porque el Hijo del Hombre no ha venido a quitarle la vida a nadie, sino a salvársela».], pero sin ninguna anotación.

Lectores de las traducciones al español, que no pueden decidir por sí solos en base al aparato crítico textual de la versión del NT en griego y a una metodología de la crítica textual muy complicada, deberían proceder de la siguiente manera:

- Muchas veces, como mencionamos anteriormente, las notas al pie de página en traducciones «más recientes» arrojan luz a la situación (p. ej. en la NTV o BTX). Sin embargo, hay que enfatizar que no se diferencia entre traducciones «más recientes» y «más antiguas» en base a la fecha de publicación de la traducción. Más bien, una traducción se considera «más antigua», si se basa en un conjunto de manuscritos más antiguos (p. ej. Reina Valera 1960) y «más reciente» si se basa también en un conjunto de manuscritos encontrados más recientemente (p. ej.; Nueva Traducción Viviente 2004).

- Para evaluar las variantes textuales, no obstante, no se deben solo «contar» las traducciones que ofrecen la misma manera de traducir algo [que ofrecen la misma variante textual], sino que estos textos deben de «sopesarse» cuidadosamente. Esto significa que no es la cantidad de una variante textual lo que cuenta, sino la calidad (qué tan cerca está al original). Por eso hay que leer, evaluar y comparar con mucho cuidado la información que las anotaciones al pie de página ofrecen.

- Como ayuda para tomar una decisión, el intérprete generalmente encuentra explicaciones más detalladas —y ojalá también con buenos argumentos— acerca del pasaje en uno de los comentarios bíblicos.

Como criterio general podríamos definir lo siguiente: *Cuando varias traducciones «más recientes» concuerden textualmente y se diferencien de versiones «más antiguas», se deberán seguir las «más recientes».*

La razón de ello es que ha habido una gran cantidad de textos valiosos que se han descubierto a fines del siglo 19 y comienzos del siglo 20, y recién han podido ser evaluados en las últimas décadas. Entonces, las traducciones más nuevas disponen de una base textual mejor y más segura que las ediciones más antiguas.

Sin embargo, en lo que respecta el Antiguo Testamento, hay que tener cuidado con algunas de las traducciones más recientes. Tienden a cambiar arbitrariamente pasajes hebreos que son difíciles de traducir. Como consecuencia, ofrecen una redacción (llamada «conjetura») que no recibe el respaldo de ninguno de los textos antiguos. Estas ganas de experimentar son críticas y generalmente deben ser tomadas con cautela. En estos casos se puede averiguar en otras traducciones o en comentarios bíblicos buenos, si el texto original sí puede que tenga sentido —un sentido que se constituye sobre una mejor base textual y no sobre especulaciones científicas que cambian constantemente.

b) El problema de los tipos de traducción

El segundo problema no tiene nada que ver con la transcripción de manuscritos antiguos, sino con la manera de traducir el texto.

El que hoy en día quiere leer la Palabra de Dios en idioma español se encuentra con una oferta bien nutrida de diferentes traducciones: Biblia Textual (btx), Reina Valera 60 (rv60), Reina Valera Revisada (rvr), Reina Valera Contemporánea (rvc), Biblia de Jerusalén (bj), Nácar Colunga (nc), La Biblia de las Américas (lbla), Nueva Versión Internacional (nvi), Nueva Traducción Viviente (ntv), Dios Habla Hoy (dhh), La Nueva Biblia al Día (nbd), Traducción en Lenguaje Actual (tla), Biblia de la Iglesia en América (bia), entre otras.

Para el Antiguo Testamento (p. ej. Biblia de Alfonso v de Aragón — Biblia Peshitta) y el Nuevo Testamento (p. ej. Versión Hispanoamericana — Nuevo Testamento revisado por Luis Alonso Shökel) también existen varias ediciones separadas.

Por ello, cada lector de la Biblia, que no aprendió a manejar los idiomas originales de la Biblia, hebreo, arameo y griego, se pregunta con razón, cuál de las traducciones refleja de manera auténtica y confiable la palabra original de Dios.

Por esta razón, el que utiliza las traducciones de la Biblia debe tener en cuenta el manejo de las traducciones dentro de la misma Palabra de Dios. En el tiempo intertestamentario el helenismo se había extendido firmemente. El griego se convirtió en el idioma universal. Estos hechos llevaron a que el judaísmo, especialmente el de la diáspora, necesitara una traducción de la Biblia Hebrea (at), ya que los conocimientos del idioma hebreo habían menguado y ya no eran tan profundos en todos los lugares donde vivían los judíos. Por esta razón se realizó una traducción del Antiguo Testamento al griego, para que cada judío pudiese leer las Escrituras (at). Esta traducción llevó el nombre de Septuaginta (lxx, número setenta en latín). El nombre occidental de la Septuaginta se deriva de la supuesta Leyenda de Aristeas. Según esta leyenda, setenta y dos eruditos judíos tradujeron en setenta y dos días todo el Pentateuco del idioma hebreo al griego en la ciudad de Alejandría en Egipto. Más tarde, se tradujo todo el AT. Esta traducción tuvo una difusión amplia y fue utilizada también en las primeras iglesias cristianas. Por ello es interesante notar que los autores bíblicos que escribieron el Nuevo Testamento a veces utilizaron el texto de la LXX, que no era un texto inspirado original, sino una traducción de este (comparar p. ej. Pr 3.12 con Heb 12.6; Pr 3.34 con Stg 4.6; Pr 11.31 con 1P 4.18; Is 40.13 con Ro 11.34; Is 42.4 con Mt 12.21). Se puede deducir, entonces, del uso ocasional de la LXX en el Nuevo Testamento, que las traducciones no son de una importancia inferior o de menor calidad. Los autores bíblicos calificaban una traducción sólida del Antiguo Testamento como Palabra de Dios inspirada y por ello la utilizaron y la integraron al Nuevo Testamento.

De los ejemplos mencionados anteriormente, respecto al uso de la LXX por autores del Nuevo Testamento, podemos ver que los apóstoles inspirados no utilizaban únicamente traducciones «literales», sino también traducciones «interpretativas»,[30] para escribir la Palabra de Dios. Por ello, la persona que utiliza una traducción de la Biblia tiene que saber que en principio existen dos conceptos diferentes de traducción. Ambos conceptos están perfectamente justificados: por un lado, tenemos el principio de la traducción «literal», esto es, el método que digamos se ciñe al pie de la letra o es concordante. Este tipo de traducciones opera en base al principio de la equivalencia formal, que intenta traducir de la manera más exacta posible la forma del idioma original al idioma receptor. La cantidad y el tipo de palabras utilizadas en el idioma original, su sintaxis y estilo son reproducidos en lo posible de forma idéntica. Por otro lado, existe el concepto de la traducción «interpretativa»,[31] que también se conoce como el concepto de la equivalencia dinámica. Aquí el enfoque principal no consiste en reproducir la forma del idioma original. Más bien, lo esencial de este concepto, es captar y reproducir exactamente el contenido, es decir, el significado del idioma original y reproducirlo en el tipo de formulaciones usuales en el idioma receptor. De lo que se trata es, justamente, expresar este significado original en el idioma receptor, de tal manera que el lector de la traducción (en lo posible) entienda el texto de la misma manera como el autor original habría querido que lo entienda su lector original.

El traductor tiene la difícil tarea de tener que servir por igual a dos señores: por un lado al idioma original del cual traduce, y por otro lado al idioma receptor. La persona que traduce de manera concordante se orienta más por las reglas del idioma original; la persona que traduce según el principio de la equivalencia dinámica se orienta más por las reglas del idioma receptor. Es raro que se pueda combinar ambos principios exitosamente. Ef 4.15-16 suena así en la traducción, que intenta ser bastante literal, Reina-Valera 1960:

> [...] sino que, siguiendo la verdad en amor, crezcamos en todo en aquel que es la cabeza, esto es, Cristo, de quien todo el cuerpo, bien concertado y unido entre sí por todas las coyunturas que se ayudan mutuamente, según la actividad propia de cada miembro, recibe su crecimiento para ir edificándose en amor.

La traducción Dios Habla Hoy, que traduce de manera interpretativa, simplifica la lectura a los que leen en español:

> Más bien, profesando la verdad en amor, debemos crecer en todo hacia Cristo, que es la cabeza del cuerpo. Y por Cristo el cuerpo entero se ajusta y se liga bien mediante la unión entre si de todas sus partes; y cuando cada parte funciona bien, todo va creciendo y edificándose en amor.

De esto se deducen los siguientes principios para las dos formas de traducir:

- Cuanto *más literal* («estrecha») sea una traducción, más abierta estará a la interpretación del lector y por ello será más difícil de entender. Una «estrechez» en la selección de las palabras significa, entonces, una «amplitud» en cuanto a la interpretación, ya que una traducción hecha en base al principio de la igualdad formal (equivalencia formal) intenta mover al «lector hacia el texto».
- Cuanto *más interpretativa* («libre») es una traducción, más cerrada estará a la interpretación del lector y por ello será más fácil de entender. Una «amplitud» en la selección de las palabras significa,

entonces, una «estrechez» en cuanto a la interpretación, ya que una traducción hecha en base al principio de la similitud comunicativa (equivalencia dinámica) intenta mover el «texto hacia el lector».

Para la comparación de traducciones es importante utilizar tanto traducciones literales como interpretativas. Así se le presentan al lector una variedad de posibilidades que tiene el texto origen bíblico, posibilidades formales y de contenido. A continuación, presentamos solo unas cuantas traducciones. Las que han sido traducidas (en mayor o menor grado) según el concepto literal o concordante son: Reina Valera 60 y Biblia Textual. Según el principio de la equivalencia dinámica se han traducido, por ejemplo: Dios Habla Hoy y La Nueva Biblia al Día. Algunas traducciones bastante conocidas tratan de ofrecer un camino intermedio (p. ej.: Nueva Versión Internacional y Nueva Traducción Viviente). En el apéndice puede encontrar algunas referencias bibliográficas que ofrecen buenas listas con diferentes tipos de traducciones de la Biblia.

c) Otros problemas textuales

Una que otra vez, cuando el lector compara diferentes traducciones, se encuentra con problemas que no son causados por la transcripción del texto ni tampoco por las diferencias entre traducción literal e interpretativa. Por ejemplo, en Ef 4.22-24 hay diferencias de este tipo. La traducción Nueva Versión Internacional dice:

> «Con respecto a la vida que antes llevaban, se les enseñó
> que debían quitarse el ropaje de la vieja naturaleza, la cual
> está corrompida por los deseos engañosos; ser renovados
> en la actitud de su mente; y ponerse el ropaje de la nueva
> naturaleza, creada a imagen de Dios, en verdadera justicia
> y santidad».

En esta traducción se habla en el tiempo pasado de la vida que se llevó antes y de lo que fue enseñado respecto a lo que se debía hacer. Al mismo tiempo se utilizan dos infinitivos y un participio —«quitarse», «ser renovados» y «ponerse»— y se habla de una naturaleza que «está corrompida» en el presente. Dios Habla Hoy ofrece una formulación parecida, pero se enfoca en el tiempo presente, lo que se debe hacer en la actualidad, en contraste con lo pasado: «deben… renunciar… despojarse… renovarse… revestirse»:

> «Por eso, deben ustedes renunciar a su antigua manera de vivir y despojarse de lo que antes eran, ya que todo eso se ha corrompido, a causa de los deseos engañosos. Deben renovarse espiritualmente en su manera de juzgar, y revestirse de la nueva naturaleza, creada a imagen de Dios y que se distingue por una vida recta y pura, basada en la verdad».

Por otro lado, la Reina Valera 1960 utiliza las formas imperativas de los verbos en este pasaje:

> «En cuanto a la pasada manera de vivir, despojaos del viejo hombre, que está viciado conforme a los deseos engañosos, y renovaos en el espíritu de vuestra mente, y vestíos del nuevo hombre, creado según Dios en la justicia y santidad de la verdad».

Todos se esfuerzan por traducir el mismo texto griego y a pesar de todo, su significado es interpretado de maneras tan diferentes. En este caso específico se trata de un problema gramatical: ¿cómo se debe entender y traducir el infinitivo aoristo y el infinitivo presente del griego? La persona que en estos casos no puede consultar el texto griego tiene que reconocer, en primer lugar, el problema y luego consultar varios comentarios. En el caso de este ejemplo se recomienda la posibilidad de postergar la solución del problema hasta examinar los términos y ver cómo se interrelacionan en la unidad textual (paso 6). Después se podrá trabajar en base a este tipo de investigación y desarrollar una evaluación bíblico-teológica (paso 8) considerando lo que el Nuevo Testamento enseña en otros pasajes acerca del viejo y del nuevo hombre (p. ej. Col 3.9-10).

A la hora de comparar traducciones, observar con precisión es la base indispensable para cada trabajo exegético que sigue. Los traductores de la Biblia, que son profesionales lingüísticos y generalmente conocen mejor el hebreo, arameo y griego que el teólogo promedio, han examinado, traducido y presentado el texto origen de tal manera que el lector que no conoce los idiomas origen puede hacer un trabajo de interpretación minucioso si utiliza las diferentes traducciones.

(2) Determinar la base textual para la interpretación

Antes de poder empezar con la interpretación del texto, el intérprete tiene que preguntarse, en base a las evaluaciones que ha hecho hasta ahora, cuál es entonces el texto que tiene que interpretar exactamente. Por eso la determinación de la base textual es importantísima para el intérprete. *Sin embargo, la tarea de la exégesis sigue siendo la interpretación del texto y no la creación de un texto.* Entonces, en principio, cuando hablamos de determinar la base textual nos estamos refiriendo de encontrar un texto. Si uno cumple con este principio, entonces uno jamás se decidirá por la versión que a uno más le gusta, sino que siempre se preguntará por la unidad y la intención que Dios le dio originalmente al texto. Sin embargo, el intérprete recién obtendrá claridad definitiva al final de la interpretación, cuando concluya su viaje exegético. Por ahora se trata en primer lugar de decidirnos por el camino que con más seguridad nos llevará a nuestra meta. A continuación, se resumen algunas pautas prácticas como ayuda para facilitar las decisiones que se tienen que tomar:

Pautas prácticas para el paso 2

- Haga una comparación de varias traducciones. Marque diferencias importantes, después de haber puesto las diferentes traducciones de su texto bíblico en diferentes columnas paralelas. Considere traducciones que trabajan con una variedad de principios de traducción.

- Examine si los problemas que se presentan en su observación son consecuencia de la transcripción o de un tipo de traducción. Para hacer esto, considere también las indicaciones en las notas al pie de página de las traducciones al español que Ud. decidió utilizar, acerca de la posible existencia de diferentes versiones del texto y su causa.

- Evalúe las diferencias y tome una decisión. Donde varias traducciones más recientes concuerdan textualmente frente a una traducción más antigua, se deberá seguir las traducciones más recientes.

> Cuando se hace eso, sin embargo, no se debe «contar» las traducciones que ofrezcan la misma variante de transmisión, sino se las debe «sopesar y valorar». Porque lo decisivo no es la cantidad (número) sino la calidad (qué tan cerca al original está) de la transmisión. Por eso se debe evaluar y comparar con cuidado las informaciones en las notas al pie de página.
>
> - Examine los resultados utilizando comentarios que operan según el texto y las Escrituras, y que se refieren a las distintas variantes producidas a lo largo de la transmisión de los manuscritos de los textos en las leguas originales, a los significados de palabras y a las posibilidades de traducción. Tome nota de sus resultados porque en el paso 6 los volverá a necesitar.
> - Formule un resultado provisional para que le queden claras las razones por las cuales se ha decidido por una determinada traducción al español como base textual para su interpretación.

Para el viaje exegético que sigue se debe tomar en serio el siguiente consejo de Gordon Fee:

> Primero, probablemente es una buena práctica utilizar en la mayoría de los casos una traducción, siempre que sea una buena traducción. Esto ayudará a la memorización, así como le dará estabilidad. También, si usa una de las mejores traducciones, esta tendrá notas al margen cada vez que se presenten dificultades. No obstante, para el estudio de la Biblia, usted debe utilizar *varias* traducciones bien seleccionadas. Lo mejor es usar traducciones *que de antemano se sepa que tienden a diferir*. Esto hará resaltar dónde están muchos de los problemas exegéticos difíciles.[32]

A continuación, utilizaremos la Reina Valera 1960 que es útil para los pasos tres al diez porque es bastante exacta en lo formal. Aparte de eso sugerimos las siguientes traducciones para el uso complementario en los pasos tres al diez y para descubrir más fácilmente lo que está diciendo el texto: *Biblia Textual, Biblia de Estudio* nvi *Nueva Versión Internacional, Nueva Traducción Viviente, Biblia de las Américas y Dios Habla Hoy.*

Ejercicios para practicar el paso 2

Utilizando el Salmo 1.1-6	Utilizando Efesios 4.1-6
Compare exactamente tres traducciones (como mínimo una debe ser literal como la Reina Valera 1960 y una interpretativa como la Dios Habla Hoy). Lo mejor es comparar las traducciones copiando cada una de ellas en una columna, la tres paralelas entre ellas. ¿Puede determinar mayores diferencias que no se pueden explicar considerando la diferencia entre una traducción literal y una interpretativa? Apunte tres a cuatro puntos donde se expresa lo mismo de diferentes maneras.	Compare exactamente tres traducciones (como mínimo una debe ser literal y una interpretativa). Lo mejor es comparar las traducciones copiando cada una de ellas en una columna, las tres paralelas entre ellas. ¿Puede determinar mayores diferencias que no se pueden explicar considerando la diferencia entre una traducción literal y una interpretativa? Apunte tres a cuatro puntos donde se expresa lo mismo de diferentes maneras

Aclarar la situación comunicativa original

Toda la Biblia, tanto el Antiguo como el Nuevo Testamento, es un libro altamente histórico o relacionado a la historia. Constantemente relata el obrar de Dios en la historia. Sus enseñanzas e instrucciones se dan en situaciones históricas específicas. Helmut Echternach lo describe de una manera muy adecuada:

> [La verdad bíblica está] cubierta en historia. Ocultada en situaciones específicas. Lo que la Biblia dice se relaciona con situaciones específicas [...]. La Biblia no revela la verdad directamente, sino que, por así decirlo, lo hace en escritura invertida, como en un espejo. En el espejo de la vida vivida. En el espejo del destino de seres humanos y en el espejo que es la historia.[33]

En el transcurso de unos 1500 años se escribieron los 66 libros de la Biblia. Muchos de ellos cuentan del actuar de Dios con su pueblo Israel. Muchos de los libros fueron redactados a causa de ocasiones específicas y responden a necesidades especiales y preguntas que resultaron de situaciones determinadas. Además, mucho de lo que dice la Biblia se refiere a procesos históricos o realidades culturales del entorno de ese entonces, que no siempre son igualmente conocidos y comunes para el lector moderno.

Ahora, la meta de cada trabajo exegético serio consiste en desarrollar de la manera más exacta posible, qué quiso decir el autor bíblico en un determinado pasaje. En la Biblia Dios reveló sus pensamientos en idioma humano y en situaciones históricas muy determinadas. Y el intérprete que honra la Palabra divina va a buscar reconocer lo más exactamente posible qué quiso decir esta palabra en su situación específica. Porque sólo así la puede entender y aplicar correctamente.

Si entonces esta Palabra alude a ciertos trasfondos histórico-culturales o responde a situaciones específicas —si Pablo, por ejemplo, trata ciertas necesidades de la iglesia en Corinto en la primera carta a los Corintios o, si la segunda carta de Pedro lucha contra una doctrina falsa— el intérprete tendrá que analizar detalladamente estos contextos históricos para no malentender el mensaje de un pasaje específico. Porque el que entiende mal las preguntas y los desafíos, muy fácilmente interpretará mal las respuestas. Por eso, el intérprete tiene que conocer bien los contextos históricos y por medio de una observación precisa tiene que regresar mentalmente a los tiempos del texto. Dado que cada texto está entretejido de muchas maneras con el ambiente o entorno en el que surgió, empezaremos nuestra investigación con el contexto cercano o inmediato (= libro) y en base a esto preguntaremos por el contexto más lejano o amplio (= cultura) de la unidad textual que estaremos interpretando. Por eso necesitamos lo siguiente para el *análisis histórico*:

- un conocimiento especial de la situación en la cual fue escrito el libro de la Biblia en el que se encuentra el pasaje y,
- un conocimiento general del entorno y del ambiente del Antiguo y del Nuevo Testamento.

Principio básico:

*El análisis histórico examina
la situación comunicativa original,
así como el contexto histórico-cultural y geográfico.*

Uno no puede adquirir conocimientos acerca de la situación comunicativa original de los textos bíblicos de un día para otro. Por eso el paso respécto al análisis histórico representa un proyecto a largo plazo, que vale la pena para cada persona que quiere entender mejor la Biblia en relación con su trasfondo. Por ejemplo, el que quiere interpretar Efesios 5, debería conocer las estructuras familiares del primer siglo. El que trabaja con Mateo 6.24-34 debería imaginarse en base a información adecuada, en qué situación financiera se encontraba los oyentes típicos de Jesús cuando les dice que no se preocupen. Si el intérprete quiere hacer justicia a lo que quieren decir los pasajes en Mateo 8.23-27 (tormenta en el Mar de Galilea o Lago de Genesaret) y en Mateo 21.18-22 (la maldición de la higuera) en todos sus matices, entonces necesitará conocimientos sobre la situación topográfica del Mar de Galilea o sobre las higueras que crecían en el primer siglo d. C. Lo importante es que durante el proceso de interpretación nos dejemos guiar por esta pregunta central: *¿Qué consecuencias tienen los resultados de estas investigaciones históricas para el entendimiento del pasaje bíblico que estoy interpretando?* No debemos perdernos en detalles que parecen interesantes, pero que no tienen importancia para la interpretación de la unidad textual. Otro peligro sería considerar, en base al contexto histórico, que lo que dice la Biblia era válido solo para su tiempo y no para todos los tiempos. En el paso 8 tendremos que considerar los aspectos bíblico-teológicos una vez más, esta vez por separado. Pues, porque

> [...] un escritor puede proyectarse mucho más allá de su propio tiempo, no es justo que se limite el horizonte de un autor desde el inicio al horizonte de su propio tiempo. Esto es válido especialmente para las Sagradas Escrituras. Es verdad que el Señor, el autor de las Escrituras, habla en un tiempo específico, pero no se limita a ese tiempo. Todo el que interprete las Escrituras desde el punto de vista de la arqueología textual (a nivel del idioma y del tiempo del texto) obviamente se ubica recién al pie del Monte Sinaí. Sin embargo, es importante que estemos ahí y por ello prestemos atención al tiempo de redacción del texto.[34]

(1) Considerar la situación literaria en la cual fue redactada la unidad textual

El intérprete debería tener un buen conocimiento de la situación en la que se originó el libro de la Biblia que va a interpretar, así como la razón y el propósito por el cual se escribió. Esta información acerca del trasfondo contribuye mucho más al entendimiento exacto de un texto bíblico de lo que la mayoría de los lectores de la Biblia sospechan. Cinco preguntas (las así llamadas preguntas de introducción) le aclaran al intérprete la situación en la cual fue escrito un libro de la Biblia: **¿Quién** escribió (= pregunta por el autor)? **¿Desde dónde** se escribió (= pregunta por el lugar de redacción)? **¿Cuándo** se escribió (= pregunta por el momento de la redacción)? **¿A quién** se le escribió (= pregunta por el destinatario)? **¿Por qué** se escribió (= pregunta por la razón, así como el propósito de la redacción)?

En el apéndice se mencionan algunos libros que ofrecen información interesante respecto a las preguntas de introducción al AT y NT.

a) ¿Quién es el redactor de la unidad textual?

Muchos libros de la Biblia mencionan explícitamente a su autor. Por ejemplo, el remitente de la carta a los Romanos es el apóstol Pablo (Ro 1.1), el de la primera carta de Pedro es el apóstol Pedro (1P 1.1). El libro de los Proverbios fue escrito en gran parte por Salomón (Pr 1.1; pero véase 30.1; 31.1). Algunos libros de la Biblia no mencionan explícitamente a su redactor. En estos casos, es inútil especular acerca de quién es el autor (por ejemplo, respecto al autor de Hebreos, Jueces, Crónicas, etc.). Sin embargo, en principio, es útil conocer al autor. De este modo, será más fácil determinar el contexto temporal del libro que estamos interpretando, además ofrecerá más información sobre la situación en la cual fue redactado y su objetivo.

Lamentablemente, la crítica bíblica moderna ha cuestionado justamente la información acerca de los autores que se encuentran en los libros de la Biblia. Por un lado, se ignora lo que la Biblia menciona explícitamente respecto a la autoría respectiva. Por otro lado, se le da más importancia a las propias hipótesis de formación y se eliminan las indicaciones que hace la Biblia acerca del autor con argumentos de la crítica literaria, del método histórico-formal y del análisis crítico de las tradiciones. En el marco de esta publicación, que se preocupa por las cuestiones de la interpretación de las Escrituras sólo en relación con la preparación de una prédica, un devocional o un estudio bíblico, no podremos valorar críticamente todos lo métodos ni discutir minuciosamente los cuestionamientos críticos que se hacen en torno a los autores bíblicos. Pero considere esto: Cuando uno observa críticamente la crítica de la Biblia, a veces es curioso ver con qué facilidad se rechaza o reinterpreta lo que los libros bíblicos dicen explícitamente acerca de su autor (o lo que el Nuevo Testamento dice respecto a los autores de libros del Antiguo Testamento). Y con qué obstinada credulidad se registran los «redactores» hipotéticos, se llamen como se llamen: «Yahvista», «Elohista», «Deutero-Isaías», o «Estudiante de Pablo». Están tan convencidos de la existencia científicamente supuesta de personas que trasmitieron, redactaron, escuelas de redacción y colectivos creativos en iglesias, que omiten la pregunta obvia: ¿Por qué será que la Biblia menciona —tanto en el AT como en el NT— tan frecuentemente a hombres de Dios con nombre propio, que, como recipientes de revelación y autores por encargo de Dios, nos han dejado escritos que han surgido efecto a lo largo de la historia y lo siguen haciendo hasta hoy? La crítica ignora o pone en tela de juicio la información bíblica de que obras sobresalientes han de ser relacionadas con personalidades sobresalientes (sobresalientes porque fueron escogidas y facultadas por Dios). De este modo, una perspectiva ajustada a la medida de los procesos colectivistas y evolucionistas reemplaza con un autorretrato lo que la Biblia presenta con su visión propia.

La Biblia es nuestra mejor —y por lo general es nuestra única— fuente de información acerca de su propia formación. Quién no confía en la Biblia cuando habla acerca de sí misma, tampoco le creerá completamente cuando hable de otros asuntos. La verdad de las Sagradas Escrituras se extiende a todo lo que dice, también a los aspectos históricos. Estos deben ser entendidos, clasificados correctamente y utilizados como informaciones de fondo importantes para la interpretación. Con estas informaciones de fondo deberíamos, ante todo, tomar en cuenta y valorar en la interpretación las particularidades y los énfasis que ponen los respectivos autores bíblicos.

b) ¿Dónde fue redactada la unidad textual?

Para entender el trasfondo de un escrito bíblico puede ser útil si se sabe el lugar donde fue redactado. En el caso de los libros del AT se presenta, por ejemplo, la pregunta: ¿El escrito se originó en Palestina o en la diáspora? ¿Se escribió en Judá, esto es, en el Reino del Sur, o en Israel, esto es, en el Reino del Norte? ¿Existen hallazgos arqueológicos que ofrezcan conocimientos detallados de la situación geográfica? Considerando los viajes de los apóstoles, en el caso de las cartas del NT, el lugar y el tiempo de la redacción suelen estar íntimamente relacionados. Si se puede determinar el lugar de redacción, entonces esto ayuda a determinar aproximadamente el tiempo de redacción del escrito. Muchas veces el lugar geográfico incluso es de menor importancia en comparación con la situación específica en la que sucedió la redacción. Podría ser una pregunta interesante si la carta a los Filipenses fue escrita en Cesarea o en Roma. Pero el hecho de que esta gozosa carta fue escrita en la cárcel (Fil 1.12ss) es mucho más importante para la interpretación. Y, ¿no podría ser, que el hecho de que el Apocalipsis de Juan haya sido escrito por un desterrado en la Isla de Patmos (Ap 1.2, 9s), sea una explicación para el estilo menos prolijo de este escrito en comparación a los demás escritos de Juan?

No siempre es fácil determinar el lugar donde fue redactado un libro de la Biblia. Muchas veces sólo queda notar pequeñas referencias en el texto y deducir de ellas el lugar (comparar p. ej. 1Co 16.19 con Hch 18.24ss; ver también Heb 13.24; 1P 5.13). A veces hay datos de la historia temprana de la iglesia que indican un (posible) lugar de redacción de un escrito del NT. En otros casos, como máximo hay sospechas acerca del lugar de redacción. En esos casos lo más recomendable es dejar la cuestión sin respuesta. Considerando estas dificultades, la mejor opción para el laico es buscar información acerca del lugar de redacción de un escrito bíblico en libros comunes de referencia, es decir, en una enciclopedia bíblica, en la introducción de un comentario (evangélico) del libro de la Biblia que se está estudiando o en una «introducción» conservadora al Antiguo o Nuevo Testamento.

c) ¿Cuándo se redactó la unidad textual?

Ninguno de los libros de la Biblia ha sido fechado explícitamente a un año o un día específico. Es por ello que se puede aproximar el tiempo de redacción sólo en base a las informaciones históricas generales que encontramos. De importancia en este contexto es el conocimiento acerca del autor y de las circunstancias en las que escribió. En el caso de las cartas del apóstol Pablo, la datación se facilita porque el libro de los Hechos describe los viajes misioneros de Pablo. De esta manera, se pueden combinar las indicaciones en sus cartas con las indicaciones en Hechos. Sin embargo, a pesar de esto, aquí también los detalles en cuanto a las fechas son discutibles. Por ejemplo, se discute si la carta a los Gálatas fue escrita poco después del primer o recién durante el tercer viaje misionero (lo que se llama la teoría de Galacia del Norte o del Sur, respectivamente). No está claro si las cartas pastorales (a Tito y a Timoteo) fueron redactadas después del primer encarcelamiento del apóstol en Roma (como los defensores de la autenticidad de estas cartas han asumido en los últimos 100 años) o, si se puede aceptar que fueron escritas en el tercer viaje misionero (1Ti, Tito) es decir, que fueron escritas durante el encarcelamiento del Palo en Cesarea o durante el primer encarcelamiento del apóstol en Roma (2Ti).

Más difícil aún es el problema de la datación respecto a los Evangelios. Primero hay que aclarar la relación entre los Evangelios sinópticos (Mt, Mr, Lc). Si la conclusión es que la relación de estos Evangelios es una de dependencia literaria —lo cual hoy se vuelve a cuestionar— todavía quedaría por determinar en qué orden fueron redactados. Además, se tendría que preguntar qué significa el hecho de que la obra doble de Lucas (Lc y Hch) se corta de repente con la llegada de Pablo a Roma (Hch 28.31) con la fecha en la cual fue escrita el Evangelio de Lucas. También sería interesante considerar: ¿qué significaría para la datación de los Evangelios, si el fragmento que se encontró en la 7ª cueva de Qumrán —la cual fue evidentemente sellada en el año 68 d. C.— realmente contiene el texto de Mr 6.52s (lo cual es cuestionado)? Y también con relación al Evangelio de Juan, no se ha podido aclarar completamente cuándo fue redactado. Se ha encontrado un nuevo papiro (el p 52, que data de comienzos del segundo siglo d. C.) que niega la redacción del Evangelio para finales del segundo siglo, como lo han asumido algunos críticos. Sin embargo, hoy en día se cuestiona que la fecha de redacción del evangelio de Juan haya sido al final del primer siglo d. C. y algunos incluso consideran a Juan el evangelio más antiguo de todos. Pero, por lo general, se considera que Marcos es el Evangelio más antiguo. En ese caso se asume la «teoría de las dos fuentes»: Lucas y Mateo utilizaron independientemente el Evangelio de Marcos y una fuente (hipotética) «Q». Por otro lado, también hay una cantidad de científicos cada vez mayor que ven el Evangelio de Mateo como el más antiguo: Lucas utilizó a Mateo y Marcos utilizó a ambos. Otros científicos, que enfatizan más el trasfondo judío de la redacción de los Evangelios, asumen un desarrollo independiente de los Evangelios sinópticos y que los tres se basan en una tradición oral fija acerca de la historia de Jesús.

Es nuestra esperanza que estos ejemplos prevengan al intérprete de no tratar de manera demasiado dogmática lo que otros hicieron respecto a las dataciones. Por otro lado, sin embargo, es importante que las dataciones de los libros de la Biblia encajen en completa harmonía con todos los hechos bíblicos conocidos y que se ajusten bien a las informaciones acerca del autor, del lugar y del tiempo. Bajo esta perspectiva, resulta incorrecto fechar los escritos bíblicos de manera tardía, algo que sigue siendo muy común en base a un rechazo crítico de las informaciones que la misma Biblia da, respecto a sus autores. Aquí al laico también se le aconseja utilizar la ayuda de libros de referencia, ya que se necesitan buenos conocimientos de hechos bíblicos y extrabíblicos para poder fechar libros de la Biblia. Además, en el apéndice hay una lista de libros que hacen referencia a la datación de los escritos del Nuevo Testamento.

d) ¿Para quién fue redactada la unidad textual?

A veces un escrito bíblico menciona explícitamente a quién se dirige. Por ejemplo, Pablo en su carta a los Romanos menciona como destinatarios «a todos ustedes, los amados de Dios que están en Roma y son llamados a ser su pueblo santo» (Ro 1.7 NTV); en 1Co «a la iglesia de Dios en Corinto, a ustedes que han sido llamados por Dios para ser su pueblo santo. Él los hizo santos por medio de Cristo Jesús, tal como lo hizo con todos los que en todas partes invocan el nombre de nuestro Señor Jesucristo, Señor de ellos y de nosotros» (1Co 1.2 NTV); en 1Ti «a Timoteo, mi verdadero hijo en la fe». (1Ti 1.2). Si hay este tipo de información, entonces se debe observar en detalle. Porque respecto a 1 Corintios, por ejemplo, uno se debe preguntar: ¿Por qué extiende Pablo la lista de destinatarios en 1 Corintios 1.2 de la iglesia local a los «santos… en todas partes»? Además, es importante formarse una idea lo más clara posible de estos destinatarios, en base a lo que la Biblia misma dice.

En otras partes la información acerca del destinatario es más general (véase Stg 1.1; 1P 1.1) o incluso podría estar codificada (2Jn 1). En muchos libros de la Biblia, especialmente en el Antiguo Testamento, no se mencionan en absoluto los destinatarios. En este caso, a veces podemos deducir el destinatario del contenido del libro. Sin embargo, cuando se hace esto, uno debería evitar el peligro de la especulación. Porque las construcciones hipotéticas atrevidas no contribuyen mucho al fundamento histórico de la exégesis.

e) ¿Cuál fue la causa y con qué finalidad se escribió la unidad textual?

Aquí llegamos a un punto central sumamente importante. La cuestión del por qué se escribió un determinado texto bíblico es un prerrequisito indispensable para una exégesis exacta que se relaciona con la historia, especialmente en el caso de libros escritos en una ocasión determinada, como las cartas del NT. Por ejemplo, una vez que aclaremos las preguntas y los problemas a los que Pablo responde en su carta a los Colosenses, podremos entender correctamente su respuesta. Una vez que entendamos claramente la situación a la que responde el autor de la carta a los Hebreos podremos entender sus abundantes y no siempre tan fáciles explicaciones como argumentos precisos, así como lo que quiere decir con ellas. En el caso de los extensos libros proféticos del AT, que contienen colecciones de lo que los profetas dijeron en diferentes tiempos, no se trata tanto de captar la causa o el motivo del libro completo, sino más bien la de una determinada serie de profecías.

Ahora, los libros de la Biblia no vienen acompañados de cartas antiguas, que nos expliquen con más detalle las respectivas razones por las que fueron escritos. La razón que llevó a que se redacte un escrito específico tiene que deducirse de su contenido. Es ahí donde se mencionan problemas, doctrinas falsas y oponentes, donde se retoman palabras clave utilizadas por la persona contra quien se lucha y donde, de vez en cuando, se alude a situaciones que se arman como un rompecabezas para formar un cuadro completo. A veces los libros narrativos en la Biblia dan una buena descripción de situaciones que forman el trasfondo para los escritos proféticos y apostólicos, que por naturaleza son libros que fueron redactados teniendo en mente ocasiones especiales. Esto exige que el intérprete observe exactamente los elementos históricos y que combine los mensajes de los textos, aunque sean difíciles de discernir. Además, es importante tener un buen conocimiento básico de las corrientes religiosas y de los eventos de la historia contemporánea de la época bíblica respectiva. Este conocimiento básico y la observación minuciosa del intérprete traen a la luz la causa que —desde el punto de vista humano— motivó la redacción de un pasaje bíblico determinado. Señalan la pregunta, el problema, la necesidad de la que se trata concretamente. El intérprete que ha captado claramente esta causa, este motivo, va a poder entender la respuesta que da el libro respectivo de la Biblia y lo va a poder aplicar correctamente a problemas actuales.

Y, ¿qué pasa si alguna vez —a pesar de examinar todo minuciosamente— no se presentan indicaciones específicas respecto a la razón por la cual se escribieron determinados libros de la Biblia? Entonces, tampoco aquí las hipótesis creativas son una buena base para la interpretación. Sin embargo, no debería darse este caso con los libros proféticos y apostólicos, los cuales fueron escritos teniendo en mente ocasiones específicas. Aquí vale la pena analizar con perseverancia —y también consultar un libro de referencia, diccionarios bíblicos, comentarios especializados y las así llamadas introducciones al Antiguo y Nuevo Testamento, que son en este caso las herramientas indicadas para el intérprete. El apéndice también contiene una lista con libros recomendados al respecto.

(2) Considerar la situación histórico-cultural en la que fue redactada la unidad textual

A la hora de adquirir una vista panorámica de la unidad textual que estamos interpretando ya se nos han presentado cosas que necesitan ser explicadas (paso 1). Estos puntos pueden ser aclarados ahora dentro del marco de un análisis histórico-cultural. En Esdras 10.9 se menciona, por ejemplo, que la gente en Jerusalén estaba sentada en la calle, con frío y en medio de la lluvia el día 20 del noveno mes. De este tipo de información resultan varias preguntas fácticas: ¿Cuándo llueve y hace frío en Israel? ¿Cómo se dividían los meses en Israel? ¿Qué fecha sería esa en nuestro calendario actual? También se puede dar el caso que leamos en la Biblia acerca de costumbres y tradiciones, de fiestas y actividades sacras que nos parecen extrañas y desconocidas. Con la concordancia, el diccionario bíblico, los comentarios y libros especializados relacionados al tema respectivo, podemos examinar estas cosas.

Entonces, la Palabra de Dios no trata de un espacio sin historia, sino que fue redactada en y desde una situación histórica determinada. Por eso es importante que el intérprete de la Biblia adquiera, por ejemplo, conocimientos sobre el mundo del Antiguo Testamento para entender correctamente la Biblia: sobre la historia de Israel en el contexto del Antiguo Oriente y sobre la vida religiosa y cultural de aquellos tiempos. Puesto que, por ejemplo, el pueblo de Dios se formó y vivió en el contexto de distintos imperios (el egipcio, asirio, babilónico, persa, griego y romano), un conocimiento de las costumbres y tradiciones respectivas es indispensable.

Además, el intérprete necesita conocer los trasfondos históricos del Nuevo Testamento. Aquí se trata de eventos históricos en Palestina durante el período intertestamentario y en el primer siglo d. C. Además, se trata del desarrollo histórico del cristianismo durante el período apostólico[35] y de las corrientes religiosas en aquel tiempo. Es de especial importancia que el intérprete se familiarice con el judaísmo intertestamentario y de la época del Nuevo Testamento, porque dicho judaísmo temprano forma el trasfondo directo de la historia del Nuevo Testamento. Ya que los relatos bíblicos no fueron redactados en nuestro tiempo, tenemos que hacer el esfuerzo por trasladarnos mentalmente a esas épocas, tratar de conocer esos tiempos y aprender a entenderlos, siendo conscientes del trasfondo político y militar (tipos de gobierno, nombres, enemigos, coaliciones, amenazas en la política interior y exterior, etc.), del trasfondo social (clases y grupos sociales, economía, comercio, etc.), del trasfondo legislativo y ético (legislación, derecho consuetudinario, moral, etc.), del trasfondo cultural (vida diaria, tradiciones y costumbres, alimentación, vivienda, ocupaciones, etc.) y, del trasfondo religioso (cultos, piedad, tendencias de sincretismo y de secularización, etc.). Los libros que aparecen en el apéndice nos sirven de ayuda para adquirir un conocimiento detallado del trasfondo histórico de los textos bíblicos.

(3) Considerar la situación geográfica en la cual se escribió la unidad textual

Finalmente va a ser útil para el intérprete orientarse respecto a las preguntas relacionadas con la geografía histórica mediante herramientas histórico-geográficas. De esta manera, basándose en mapas, esquemas y planos se puede localizar e ilustrar eventos históricos que la Biblia menciona. Una vez aclarada la situación geográfica y, relacionada a esta, la situación botánica, climática y zoológica, esto puede facilitar tremendamente el entendimiento de los relatos bíblicos. Muchas veces es casi imposible entender la unidad textual que uno esta interpretando si no llegamos a conocer la situación local. Por ejemplo, si el intérprete está trabajando en 1R 18.46 y quiere explicar cómo Elías pudo correr delante del carruaje del Rey Acab hasta Jezreel, entonces no sólo tiene que tomar en cuenta el aspecto espiritual-teológico («Y la mano de Jehová estuvo sobre Elías»), sino también la topografía de la planicie de Jezreel.

En el apéndice hay indicaciones acerca de atlas, diccionarios y programas de computadora y sitios web útiles.

Pautas prácticas para el paso 3

- Aclare primero la situación literaria en la cual fue redactada la unidad textual, respondiendo las preguntas de introducción. Las informaciones básicas acerca del redactor de la unidad textual que se quiere interpretar —quién, dónde, cuándo, para quién y por qué escribe— influyen el significado y por eso tienen que ser tomadas en cuenta durante la interpretación de la manera más corta y concisa posible.

- Revise el texto con cuidado, buscando referencias histórico-culturales y geográficas.

- Busque primero respuestas en el texto mismo y su contexto inmediato.

- Utilice las informaciones de apoyo que ofrecen otros libros de la Biblia de la misma época o que tratan el mismo tema. Aquí los libros históricos de la Biblia son especialmente útiles.

> • Adquiera conocimiento consultando comentarios, diccionarios y literatura especializada.
>
> • Tome nota del uso que tienen las respuestas para las preguntas o los problemas que propone e intenta solucionar el texto. No formule respuestas definitivas antes de tiempo. Sólo observe y coleccione informaciones. Sea un «cazador y recolector». Formular el resultado de nuestra interpretación recién al final y juntando todas las observaciones.

Ejercicios para practicar el paso 3

Utilizando el Salmo 1.1-6	Utilizando Efesios 4.1-6
Lea los artículos acerca de «Salmos, libro de los» y de «agricultura» en el *Nuevo Diccionario Ilustrado de la Biblia*, Editor General, Wilton M. Nelson.	Lea los artículos acerca de «Efesios, Epístola a los» en el *Nuevo Diccionario Ilustrado de la Biblia*, Editor General, Wilton M. Nelson y acerca de
¿Qué proceso específico está detrás de la forma figurada de hablar en el verso 4: «paja arrastrada por el viento» (NVI)? ¿Cómo tenemos que imaginarnos la actividad agrícola respectiva en el Israel de aquél entonces?	«Cárcel, Prisión» en el *Nuevo Diccionario Bíblico Certeza*, J.D. Douglas. ¿Cómo tenemos que imaginarnos la situación de un preso en aquel tiempo (v. 1)? ¿A qué se refiere el v. 6 cuando dice que Dios es nuestro padre «en/ por medio de todos»?

Captar el contexto
de la unidad textual

¿Quién no se sintió malentendido alguna vez y se quejó, diciendo que se había sacado sus palabras del contexto? A nadie le gusta si le pasa eso. Se puede justificar y tergiversar todo con palabras que se sacan de su contexto. Las sectas son conocidas por ser expertas en el uso de versículos que han sacado de su contexto bíblico. Para evitar este tipo de uso indebido, una interpretación responsable tiene que tomar en cuenta el contexto literario y teológico de una cita bíblica, para entender el significado original de lo dicho.

El contexto es el «entorno lingüístico del cual depende el sentido y el valor de una palabra, frase o fragmento a considerar»[36] (proviene del latín *con* = «junto» y *textus* = «tejido»). Es muy importante que se tome en cuenta este contexto a la hora de la interpretación, pues sólo así se podrá recuperar el significado original del texto. En principio, la Biblia entera es el contexto para la unidad textual que se desea interpretar. Sin embargo, para la práctica del trabajo exegético lo que es de importancia son las unidades más pequeñas —incluyendo el contexto literario inmediato (por ejemplo, el contexto del «evangelio» o de la «carta/ epístola»). La unidad más pequeña, que ayuda a demarcar o delimitar la unidad textual que se va a interpretar y que no puede ser subdividida en más párrafos y secciones sin interrumpir la línea de pensamiento del texto, generalmente es la más importante.

Una unidad textual (llamada perícopa) es un grupo de versículos con un sentido temático y de contenido común, que puede ser separado o delimitado formalmente en relación con su contexto. Sin embargo, una perícopa nunca debe ser estudiada de manera aislada de su contexto, ya que estas unidades más pequeñas les sirven a los autores bíblicos como elementos para construir sus libros. Entonces, si queremos entender cómo los autores bíblicos han construido el texto entero, tenemos que identificar los elementos (unidades textuales) más pequeños y su función dentro del contexto entero. Para poder hacer esto tenemos que determinar dónde empieza y dónde termina la unidad textual, es decir, tenemos que delimitarla hacia adelante y hacia atrás. Luego se puede ver cómo encaja en el contexto más amplio. Por tanto, para poder captar la relación de la unidad textual con el libro bíblico respectivo o con toda la Biblia tenemos que analizar el contexto de la unidad textual (*análisis contextual*).

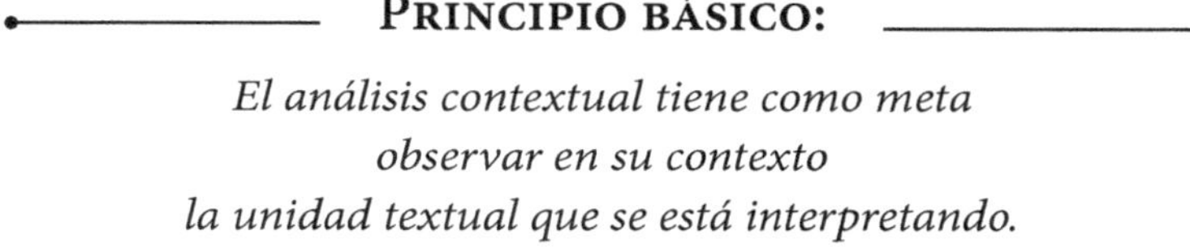

PRINCIPIO BÁSICO:

El análisis contextual tiene como meta
observar en su contexto
la unidad textual que se está interpretando.

Para evitar malentendidos e interpretaciones incorrectas, el análisis contextual se va estrechando en círculos concéntricos desde la determinación de cómo encaja la unidad textual en el contexto del libro bíblico (1), a la función de la unidad textual en el contexto de la sección o del párrafo (2), al contexto inmediato de la unidad textual en base a su delimitación (3). Una vez delimitada la unidad textual (perícopa), se hace una comparación de esta dentro de la Biblia con los pasajes paralelos respectivos (comparación sinóptica) (4) y se pondera la armonización cronológica (sincronología) de la unidad textual en el contexto de las Escrituras (5).

(1) Determinar cómo encaja la unidad textual en el contexto del libro

Cuando consideramos el libro de la Biblia como contexto tenemos que hacernos la pregunta primordial: ¿Cuál es la intención, el tema de este libro del cual se ha tomado la unidad textual que queremos interpretar? En algunos libros de la Biblia se menciona explícitamente el tema (p. ej. Ec 12.13; Lc 1.1-4; Jn 20.30-31). Sin embargo, frecuentemente el tema general tiene que ser deducido del razonamiento y del contenido del escrito respectivo. El análisis histórico (paso 3) que hemos hecho anteriormente es de gran ayuda en este proceso. Porque si se conoce la causa que motivó la redacción de un texto, la intención del escrito también es obvia. Luego, sólo se tratará de delinear de qué manera el tema es desarrollado en el libro, específicamente, en qué unidades mayores de contenido se divide el libro.

Este análisis del libro como contexto sería un trabajo arduo y prolongado si tuviéramos que hacerlo por nuestra propia cuenta. Por suerte no estamos solos en esto. Algunas ediciones de la Biblia, como por ejemplo la Biblia de Estudio NVI, Reina Valera 1960 con las notas Harper/Caribe, Dios Habla Hoy (La Biblia con Deuterocanónicos Versión Popular — Segunda Edición) proveen bosquejos muy detallados de la estructura de cada libro, por medio de los cuales se puede reconocer fácilmente cómo se desarrollan sus respectivos temas. También son de mucha ayuda en este caso, los capítulos introductorios de los comentarios bíblicos, las introducciones especializadas al AT y NT, así como libros que abordan el panorama bíblico.

(2) La función de la unidad textual en el contexto de la sección/párrafo

En segundo lugar, se tiene que examinar el contexto de la sección o del párrafo. Aquí ya puede ser útil la vista panorámica que adquirimos durante el estudio del contexto del libro. Cada libro de la Biblia que tiene varios capítulos se puede dividir en párrafos mayores (macro contexto). Muchas veces la división en capítulos ya nos puede ayudar a determinar unidades de sentido. ¡Pero cuidado! ¡Las unidades de sentido no siempre son idénticas a la división en capítulos! Esto es así, porque la división en capítulos, hecha al final de la Edad Media, no siempre tiene sentido desde el punto de vista del contenido. Es más, de vez en cuando la división en capítulos incluso estorba a la hora de determinar las unidades de sentido. Además, una unidad de sentido también puede ser más pequeña de lo que abarca un capítulo.

Entonces, en primer lugar, el intérprete tiene que ver a qué sección más grande del libro pertenece la unidad textual que está interpretando. En segundo lugar, determina qué significado o qué función tiene esta sección en el contexto del tema general del libro. En tercer lugar, observa el desarrollo del pensamiento, el razonamiento dentro de la sección más grande del libro a la cual pertenece la unidad textual que está interpretando. Aquí la pregunta es: ¿Cómo esta organizada la sección respectiva del libro? Desde ese punto es fácil determinar la posición de la unidad textual que se está interpretando en el contexto significativo más amplio.

(3) Delimitar la unidad textual

La meta del análisis contextual es examinar el contexto inmediato. A la hora de hacer esto hay que prestarle atención precisamente a lo que precede y sigue a la unidad textual escogida. La meta de este ejercicio es poder trazar detalladamente el desarrollo del pensamiento. ¿Hay continuidad en la línea de pensamiento? o ¿comienza un nuevo subtema contrastando con el anterior? ¿La unidad textual empieza o termina una sección más grande del libro? ¿La unidad textual es parte de un tema más grande, los pensamientos del cual continúan o los dirige en una nueva dirección? Sólo hay pocos tipos de texto[37] (como por ejemplo la sabiduría proverbial del Antiguo Testamento) en los cuales es difícil o incluso imposible ver una relación entre el texto y su contexto inmediato. Generalmente existe un flujo de pensamientos que va avanzando y el análisis contextual ayuda a mostrar el sentido de una sección dentro de ese razonamiento. El que ha entendido bien el contexto debería estar protegido contra interpretaciones completamente equivocadas de este.

Metodológicamente puede ser útil, para una primera orientación, considerar cómo está dividido el texto en las diferentes traducciones de la Biblia. Tratando de entender el razonamiento detrás de las divisiones en versículos y secciones y fijándose en las señales que marcan una conexión o una separación de unidades textuales, se reconoce rápidamente si estas demarcaciones son correctas. Señales de conexión (señales de coherencia) pueden ser, por ejemplo, repeticiones, fórmulas que se repiten de una o de otra manera, conjunciones, etc. Señales de separación (señales de segmentación) pueden ser, por ejemplo, cambios de lugar, tiempo, persona o tema; oraciones que resumen y suenan como títulos; fórmulas introductorias («De cierto, de cierto os digo»;

véase Juan 5.19, 24, 25; «Aconteció…»; véase Lc 9.18, 28, 37), etc. Si el análisis contextual, especialmente el análisis del contexto inmediato resulta en que la unidad textual (por ejemplo, para el estudio bíblico, la prédica o el devocional) no estaba muy bien delimitada respecto al contenido, entonces tiene que ser expandida o reducida según el contexto temático. Este tipo de corrección se debería hacer a más tardar en este momento.

En los libros históricos la delimitación de las unidades textuales generalmente se da por el contexto coherente de tiempo, lugar y personas que dominan la historia. Si hay un cambio en el tiempo, el lugar, el tema y/o las personas, entonces esto por lo general indica que el evento que sigue es uno nuevo e independiente y que tiene que ser delimitado como tal.

En los libros proféticos las unidades relacionadas generalmente están marcadas por formulas introductorias («Vino palabra del Señor a…»; «En aquel día…»).

En las cartas, por otro lado, hay que prestarle más atención a las formulaciones que sacan conclusiones o a los cambios de tema que diferencian una sección de otra, pero que no los separan definitivamente, porque la carta completa es una unidad que no debe ser descuidada en la interpretación. Así, por ejemplo, 1Co 7.1 dice: «Ahora, en cuanto a las preguntas que me hicieron en su carta:». En lo que sigue de la carta, Pablo responde otras preguntas que la gente en Corinto le había hecho en esa misma carta y por eso organiza su respuesta en relación con la formulación «Ahora, en cuanto a…» (1Co 7.25; 8,1; 12.1; 16.1, 12).

Pautas prácticas para el paso 4.3

- Fíjese en las características lingüísticas y formales en el texto mismo (cambio de tiempo, lugar, personas, formulas fijas, posibles cambios en el estilo gramatical).
- Fíjese en criterios de contenido o temáticos que indican una delimitación cerrada de la unidad textual:[38]
  › ¿Ofrece la unidad textual referencia a unidades textuales que le preceden o le siguen?

> › ¿Indican el comienzo y el final de la unidad textual un nuevo enfoque, una interrupción o una continuación?
> › ¿Qué espera la unidad textual que el lector sepa del contexto inmediato?
> › ¿En qué medida continúa esta unidad textual la unidad textual precedente?
> › ¿Responde esta unidad textual preguntas que todavía estaban abiertas?
> › ¿La unidad textual hace preguntas que son respondidas a continuación?
>
> - Compare la división que usted consideró con las divisiones que hacen diferentes traducciones o comentarios.
> - Justifique la delimitación que hizo de la unidad textual e intente relacionar el pensamiento central de la unidad textual (paso 1.2.a) con el hilo conductor (paso 1.2.b.) y el contexto más amplio (paso 4).

(4) Considerar los textos paralelos a la unidad textual

Una que otra vez se da el caso especial que en otro libro de la Biblia hay un texto paralelo al texto que se está interpretando. Hay secciones en Deuteronomio que se parecen a ciertos textos en Éxodo, Levítico y Números. Y muchos relatos en los dos libros de Reyes tienen textos paralelos en los libros de Crónicas. (Compare por ejemplo 2R 14 con 2Cr 25; Sal 14 con 53; Sal 18 con 2S 22; Ex 20.1-17 con Dt 5.6-21; Ex 25-31 con 35-40; Is 36-39 con 2Cr 32 y 2R 18-20; Jer 52 con 2R 24.18-25.30 y 2Cr 36). Entre los Evangelios sinópticos (Mt, Mr y Lc) hay muchas correspondencias entre evangelio y evangelio. Dónde existe un texto paralelo tal, se debe añadir al análisis contextual general también la comparación sinóptica. La comparación sinóptica sirve para que textos iguales «sean vistos juntos». Pero primero hay que averiguar si realmente se trata de textos paralelos o si sólo son parecidos. Por ejemplo, surge la pregunta en cuanto a la acción de Jesús despejando el Templo, si el evento descrito por Juan es el mismo que describen los sinópticos. O, ¿se trata de dos acontecimientos diferentes, uno al comienzo del ministerio público de Jesús (Juan 2.13-22) y otro al final (Mt 21.12-13; Mr 11.15-19; Lc 19.45-48), expresándose en ambos casos su preocupación por la casa de Dios? Si verdaderamente se trata de textos paralelos genuinos —y no sólo de textos parecidos—, entonces podemos comparar su contenido. Hacemos esto convencidos de que las Sagradas Escrituras representan una unidad armoniosa que cuyas partes se complementan entre si. Quizás el texto paralelo ayuda con informaciones adicionales a entender mejor el significado del texto que estamos interpretando. Hay que abordar cada texto —con lo que dice y con lo que no dice — con todas sus particularidades. Sólo de esta manera tiene sentido comparar. A la hora de comparar también se debe notar y respetar las diferencias respectivas. Porque cada pasaje de la Biblia tiene un propósito muy claro. Es posible, entonces, que tanto la unidad textual que estamos interpretando como un texto paralelo se refieran al mismo tema, pero que cada cual enfoque un aspecto muy especial e individual diferente. La meta de la interpretación en ese caso no es una síntesis que una los enfoques respectivos. Más bien, la comparación sinóptica tiene justamente como meta poder determinar el significado del texto que Dios tenía en mente con mayor precisión. Por eso la existencia de textos sinópticos en la Biblia no debería ser considerada un problema, sino una oportunidad para un mejor entendimiento, puesto que los textos paralelos pueden aclarar la unidad textual que estamos interpretando y, subraya las particularidades especiales de cada autor de la Biblia.

En el apéndice va a encontrar una de lista de sinopsis de los cuatro Evangelios que proveen esquemas y tablas acerca del orden de los textos en los Evangelios.

Pautas prácticas para el paso 4.4

- Elabore una tabla que incluya la unidad textual que está interpretando y sus textos paralelos. Ponga cada texto en una columna paralela diferente. En el caso que el texto que esté interpretando sea de los Evangelios, quizás pueda utilizar una sinopsis.

- Marque las diferencias y considere si se trata de diferencias estilísticas o de contenido.
- ¿Cuál es el enfoque teológico individual (especial) de cada unidad textual que está comparando?
- ¿El contexto más amplio de cada texto que está comparando influencia lo que dicen las unidades textuales o, mejor dicho, explica las diferencias?
- ¿Realmente se trata de los mismos acontecimientos que son descritos en cada unidad textual?

(5) Considerar la armonización cronológica de la unidad textual en el contexto de las Escrituras

Después de haber organizado las unidades textuales paralelas en una gráfica o sinopsis, es importante que no sólo se reconozca y evalúe las diferencias, se averigüe las causas de estas y así, se enfatice las peculiaridades propias de cada texto. En base a una comparación sinóptica, también es importante evaluar una armonización cronológica de la unidad textual en el contexto de las Escrituras. En este proceso, se tiene que respetar las intenciones individuales de cada autor bíblico. De esta manera, el intérprete puede descubrir qué función tiene cada una de las unidades textuales en el plan completo de Dios (2P 3.15-16). Aquí cabe recordar que la unidad entre los textos muchas veces recién se podrá apreciar cuando se reconoce y considera su diversidad. Puesto que eventos bíblicos sucedieron en tiempos y lugares reales y fueron transmitidos de manera históricamente fiable, es necesario ver si hay indicios que nos ayuden a reconocer cuál es el orden cronológico de los eventos. En el proceso de interpretación se debe tomar en cuenta si un autor ordena su material temáticamente (p. ej. el evangelio de Mateo) o cronológicamente (p. ej. el evangelio de Lucas [Lc 1.1-4] y el evangelio de Juan [fiestas judías como elementos estructurales]). Se debe reconocer si los acontecimientos antes y después de la unidad textual que se está analizando están relacionados cronológicamente o respecto a su temática. Si el material bíblico está en un orden temático (p. ej. Mt 8.18-27), entonces se debería tratar de encontrar el contexto cronológico. Esto nos ayuda a entender de que Dios a veces llevó a los autores bíblicos a mirar eventos de manera conjunta desde su temática, pero que en la perspectiva del tiempo están muy alejados uno del otro. La necesidad de esta sincronología, sin embargo, no sólo es relevante dentro del marco de la exégesis de los Evangelios, sino por ejemplo también en la pregunta: ¿Los eventos de Gálatas 2 se refieren a los mismos eventos que Hechos 15? o ¿Se relata en Gálatas 2 lo que son los acontecimientos del así llamado «viaje de la hambruna»? (Hch 11.27-30). Dependiendo de las respuestas podría ser, por ejemplo, que toda la carta a los Gálatas fuese redactada antes del concilio de los apóstoles. Esto, por otro lado, significaría que las discusiones entre Pablo y Pedro habrían sucedido antes de las decisiones tomadas por el concilio de los apóstoles (Gá 2.11 y subsiguientes). Así ya no sería necesario buscar elementos comunes entre Gálatas 2.10 y Hechos 15. Justamente el intérprete que está convencido de la verdad infalible de las Escrituras puede desarrollar con mucha tranquilidad una sincronología de los acontecimientos bíblicos, si trabaja según las Escrituras y el texto, si ordena temáticamente según la intención respectiva del texto y, si clasifica cronológicamente.

En el apéndice indicamos una variedad de libros que proveen sugerencias claras de armonización acerca de la sincronología de los Evangelios, algunos en forma de cuadro.

Pautas prácticas para el paso 4

- Básicamente: ¡El contexto manda!
- Explique la idea principal del contexto constituido por el libro del que es parte la unidad textual que está interpretando.
- Identifique el contexto constituido por la sección que representa el contexto general de la unidad textual que está interpretando.
- Explique la relación entre los pensamientos del contexto constituido por la sección que representa el contexto general y la unidad textual misma que está interpretando, para poder cerrar la brecha contextual.

- Formule en una sola oración cual es la función de la unidad textual que está interpretando en la sección que constituye su contexto.
- Delimite definitivamente la unidad textual que está interpretando —hacia atrás y hacia adelante.
- Compare la unidad textual que está interpretando con textos paralelos en las Escrituras y en base a esa comparación, resalte las particularidades de la unidad textual que está interpretando.
- Fíjese en la integración cronológica en el contexto temático más amplio, armonizando las unidades textuales de la sección que representa el contexto general desde un punto de vista cronológico.

Ejercicios para practicar el paso 4

Utilizando el Salmo 1.1-6	Utilizando Efesios 4.1-6
El salterio se divide hoy en día en cinco libros: Sal 1-14, 42-72, 73-89, 90-106, 107-150. ¿Qué es lo que conecta cada uno de los libros del salterio internamente y por ello los hace agrupables? Lea acerca del tema en la «introducción» al libro de los Salmos en la *Biblia de Estudio* NVI, p. 806-807. Lea también las anotaciones respecto a Sal 1-2 en la *Biblia de Estudio MacArthur*. Note que Sal 3-41 y 51-72 aparecen como Salmos de David (véase Sal 72.20). ¿Por qué vienen antes de esta colección los Salmos 1 y 2? ¿Podría estar relacionado con el contenido de Sal 1, de que justamente este salmo esté al comienzo de todo el salterio?	Tome un bosquejo de la carta a los Efesios (Biblia de estudio, diccionario bíblico, comentario, u otro) y lea toda la carta mientras que la compara constantemente con el bosquejo. Concéntrese primero en los cap. 1-3 (¿De qué tratan?) y luego en los cap. 4-6 (¿De qué tratan?). ¿Cuál es el tema central de la carta a los Efesios? ¿Qué significa que el cap. 4 empiece con «les ruego» (NVI)/ «les suplico» (NTV)? (Tenga en cuenta que el cap. 3 termina con una alabanza). ¿Qué temas trata en los capítulos 4 al 6 consecutivamente? Determine el tema y la función de Efesios 4.1-6 en su contexto inmediato.

Examinar qué tipo de texto es la unidad textual

La riqueza del contenido de la Biblia corresponde con la gran variedad de sus formas de expresión. En el transcurso de la historia de la revelación, muchos autores han contribuido a este libro con su propia manera de expresarse. Los géneros y las figuras literarias (algunos utilizan el término «modismos») que ellos utilizaron se suman a una gran riqueza expresiva.

Si el intérprete quiere entender correctamente al autor bíblico, tiene que adaptarse a la naturaleza específica de la forma de expresión respectiva. En la exégesis no da igual si lo que estamos interpretando es un texto histórico narrativo o una obra poética de los Salmos o del Cantar de los Cantares; si uno está trabajando con una parábola, unas amonestaciones por medio de un catálogo de virtudes en una carta de Pablo o un relato de visiones apocalípticas en el Apocalipsis de Juan. Es parte del arte de la interpretación reconocer los diferentes géneros literarios, adaptarse a su naturaleza específica y así, hacerle justicia exegéticamente. Y por eso es necesario examinar e interpretar los diferentes géneros, formas y figuras literarias dentro del marco de un análisis *literario*.

PRINCIPIO BÁSICO:

El análisis del género, de las formas y de las figuras literarias de la unidad textual tiene como meta describir exactamente su forma literaria particular, su género literario y su forma estética, para poder descubrir así el punto focal de la intención del texto.

Para algunos lectores este tipo de análisis de géneros, formas y figuras literarias va a ser algo completamente nuevo. Por eso procederemos a describir a continuación primero las principales «formas grandes» (análisis del género literario) y las principales «formas pequeñas» (análisis de las formas literarias) que aparecen en el Antiguo y en el Nuevo Testamento. Luego, vamos a considerar algunas figuras literarias importantes en la Biblia (análisis del estilo).[39] El trasfondo para este análisis es el reconocimiento que en ciertas situaciones en la vida hay reglas y convenciones fijas para el proceso comunicativo. Así, por ejemplo, en una cultura específica hay reglas fijas para escribir una carta. Sin embargo, cómo se escribe la carta depende de si es una carta de amor, de pésame o una que acompaña la declaración de impuestos para la agencia tributaria. La situación específica requiere una manera determinada de combinar forma y contenido de la comunicación. O, dicho de otra manera: Si se analiza cómo combinan forma y contenido de un mensaje, entonces se puede inferir detalles acerca de la intención comunicativa original. De esta manera, habiendo leído solo unas pocas oraciones, somos capaces de saber si lo que estamos leyendo es un manual de uso, un poema o un dictamen judicial. La mayoría de los contenidos son presentados en una forma especial que les corresponde. Por ejemplo, una carta comienza con un saludo al destinatario («Estimado …», «De mi mayor consideración…», etc.) y termina con una fórmula de despedida («Atentamente…», «Saludos, tu…», etc.). Por la manera de cómo es el saludo y la fórmula de despedida, respectivamente, podemos deducir a primera vista cómo es la relación entre el remitente y el destinatario.

Por lo pronto, permítanos una observación acerca de la terminología utilizada. A continuación, nos esforzaremos por diferenciar de manera constante entre género y forma literaria. Sin embargo, ¿cómo se relacionan esto dos términos? «Género» es el término que se refiere al tipo de texto de orden superior, dentro del cual se encuentra el texto específico, por ejemplo, narración o profecía (forma literaria grande), mientras que la «forma» se refiere a la manera como el texto individual respectivo aparece lingüísticamente, por ejemplo, en forma de cántico de burla o de una parábola (forma literaria pequeña, subordinada).

¿Cuál es el valor y cuáles son los límites del análisis del género y de la forma? Hagamos a manera de introducción una comparación tomada de la vida cotidiana. Para un tipo de persona sólo existe «comida» y «bebida» —sin importar lo que se le sirve. Pero otro tipo de persona percibe los sabores y los tipos de preparación diferentes, se alegra en los detalles de la comida y desarrolla el gusto diferenciado del conocedor. Así también puede ser en el trato con la Biblia. Claro, ¡todo es la Palabra de Dios! ¡Todo nos sirve como enseñanza, edificación y corrección! (2Ti 3.16-17). Pero a pesar de ello, algunos entran más profundamente en los detalles de la Palabra que otros. El análisis del género y de la forma pueden ayudar a descubrir la diversidad y la belleza lingüística de la Biblia, tal como Dios las proveyó por medio de los distintos mensajeros con sus dones respectivos. Desde un punto de vista muy práctico, en primer lugar, se trata de observar detalladamente y reconocer a qué género y forma pertenece el texto específico que estamos interpretando. Pero el trabajo no puede limitarse a «encasillar» los textos en base a características típicas que se han observado. Más bien la exégesis tiene que adaptarse completamente a la naturaleza específica del texto en lo que a su género y a su forma se refiere.

En el apéndice encontrará una lista de referencias bibliográficas respecto a cómo tratar con los diferentes géneros y formas literarias.

(1) Determinar el género literario de la unidad textual

En el caso de que distintos textos tengan características semejantes, éstos se agrupan bajo «tipo de texto», encasillándolos en diferentes grupos y llamándolos «género». En el proceso de la exégesis según el texto y las Escrituras, determinar el género literario (el tipo de texto) de la unidad textual que estamos interpretando es una tarea central. Primero tenemos que determinar el género literario para que en el proceso de interpretación restante no violemos las reglas lingüísticas establecidas por el Espíritu Santo. Para obtener mayor claridad, a continuación, vamos a diferenciar entre géneros literarios del Antiguo Testamento (a) y géneros literarios del Nuevo Testamento (b).

a) Géneros literarios del Antiguo Testamento

En el at hay que diferenciar entre los siguientes géneros básicos, los cuales son, narración (a), ley (b), salmo (c), sabiduría (d) y profecía (e):

(a) El tipo de texto más utilizado en el AT es la narración. Las narraciones constituyen más del 40% de la totalidad de textos en el AT. Por lo general, los textos narrativos del AT son descriptivos y no prescriptivos. Relatan lo que ha sucedido y no necesariamente lo que se debería hacer. A la hora de interpretar hay que recordar que el personaje principal en las narraciones suele ser Dios y no el ser humano. Por eso debemos entenderlas desde una perspectiva teocéntrica y no antropocéntrica: Las narraciones del AT evalúan lo sucedido desde el punto de vista de Dios. Usualmente la manera de decir las cosas es de naturaleza objetiva, que describe hechos históricos, lo cual se debería tomar en cuenta cuando se interpreta (por ejemplo, la historia de la creación). Cuando se interpretan textos narrativos los pasos 3, 4 y 7 son de especial importancia.

Es recomendable seguir las siguientes directrices al interpretar textos narrativos del Antiguo Testamento:

(1) Preste atención al marco de referencia: Una narración en el Antiguo Testamento es parte de un argumento más amplio.

(2) Preste atención al desarrollo: ¡Una narración en el Antiguo Testamento ofrece mayormente un desarrollo del argumento (A esto también se le denomina «trama» y consiste básicamente de: motivo — incremento de la acción — clímax — acción decreciente — consecuencia)!

(3) Preste atención a los actores: ¡Una narración en el Antiguo Testamento «vive» de sus actores! ¿Quién domina la acción (protagonista, «héroe de la historia») y quien reacciona (rol secundario)? Normalmente una narración en el Antiguo Testamento es teocéntrica y no antropocéntrica. Esto es así, porque mayormente Dios es el protagonista y no el ser humano.

(4) Preste atención a las palabras principales: ¡A las narraciones en el Antiguo Testamento «les encantan» las repeticiones! Normalmente son estructuradas por palabras clave.

(b) Cuando se interpreta un texto de tipo legal hay que diferenciar entre leyes apodícticas (= irrefutables, que no aceptan interposición de recurso o protesta) y términos y condiciones casuísticas[40] (= estudios de casos que describen una situación legal específica). La intención básica de este género es prescriptiva. No obstante, hay que considerar siempre para quién, esto es, para qué destinatarios son prescriptivos los textos legales que se encuentran en al Antiguo Testamento. Por eso los pasos 8 y 10 son de especial importancia para la interpretación de este tipo de textos.

Es recomendable seguir las siguientes directrices cuando se interpreten textos legales del Antiguo Testamento:

(1) La ley del Antiguo Testamento es un pacto con condiciones («si» — «entonces»), que fue hecho con el pueblo de Israel (Éx 19 y subsiguientes).

(2) La ley del Antiguo Testamento es parte del antiguo pacto y no del nuevo pacto (comparar Lc 16.16-17 con 1Co 11.25; 2Co 3.4-18; Heb 10.1-18; 13.20-21).

(3) Partes de la ley del Antiguo Testamento son renovadas en el Nuevo Testamento (ver Ro 13.8-10) y forman así parte de la ley de Cristo (Gá 6.2).

(4) La ley del Antiguo Testamento sigue siendo Palabra de Dios para nosotros, a pesar de que ya no es ley directa para nosotros (ver 2Ti 3.16-17).

(c) En el caso del tipo de texto llamado los Salmos, por lo general se trata de oraciones que describen la totalidad de la vida humana y las formas de expresarla. Aprovechan todas las formas de expresión literaria disponibles. Hay que tomar en cuenta que casi cada versículo contiene figuras literarias/modismos que necesitan ser resueltas durante el proceso de interpretación. Gran parte de los Salmos han sido redactados en lenguaje poético —cuyo lenguaje figurado tiene que ser interpretado. La característica más importante de la estructura de la poesía hebrea es la repetición del significado en expresiones paralelas, el así llamado paralelismo poético. Cuando el Antiguo Testamento presenta a Dios diciendo algo de forma poética, este mensaje consiste normalmente de dos enunciados, a veces también de tres, construidos paralelamente. En la poesía hebrea las diferentes líneas (los diferentes enunciados paralelos) no se conectan por una rima, como es el caso en la poesía tradicional española, sino por reduplicación (paralelismo) de los enunciados en dos o tres líneas consecutivas. Figuradamente hablando, las diferentes líneas en el arte poético hebreo «riman» entre sí, ya que repiten la misma idea, pero con otras palabras o con otra imagen, respectivamente.

Sal 146.1a ¡Alabado   sea el Señor!
Sal 146.1b Alaba,   alma mía,   al Señor[41]

El tema en ambas líneas es igual, pero se desarrolla concretizándolo (= intensificándolo) en la segunda línea: *Del llamado general hacia la participación interna e intensa personal.*

Sal 146.2a Alabaré   al Señor   mientras viva;
Sal 146.2b cantaré alabanzas   a mi Dios   con el último aliento.[42]

El tema en ambas líneas es igual. Ambos enunciados concuerdan respecto al contenido, pudiendo utilizarse términos similares (o diferentes): *La alabanza (¡intencional!) sucede en la vida cotidiana y es continua.*

Sal 146.3a No pongan su confianza   en los poderosos;

Sal 146.3b no está allí   la ayuda para ustedes.[43]

El tema en ambas líneas es igual. Las primeras palabras de la primera línea corresponden con las últimas palabras de la segunda líneas. Las últimas palabras de la primera línea corresponden con las primeras palabras de la segunda línea. *Los seres humanos no son una base confiable para la vida.*

El arte poético hebreo evita la monotonía de las líneas paralelas habiendo desarrollado diferentes tipos de paralelismo (más al respecto cuando tratemos las «figuras literarias»). Así existe, aparte del paralelismo con el mismo significado (Sal 146.2) también un paralelismo contrario (Sal 145.20) o un paralelismo que intensifica el enunciado de la línea anterior o lo hace más concreto (Sal 146.1). A esta técnica de la «rima de ideas o figuras» por medio del así llamado «parallelismus membrorum»[44] le subyace la idea de la «simetría completa». Esto significa que le subyace la idea de que *el todo* siempre está compuesto por *la diversidad* de sus partes y que *el todo* puede ser presentado lingüísticamente recién por «poner en relación» de manera recíproca sus partes. De acuerdo con el pensamiento hebreo (y del Antiguo Oriente) el proceso de entender es algo dinámico. Consiste en apropiarse de lo expresado y de entenderlo desde diferentes perspectivas, ya que recién por la repetición puede darse el todo (perspectiva múltiple). Porque dos términos (dos partes de dos líneas) nunca concuerdan al cien por cien,[45] esto funciona tan bien, ya que «el todo» nunca puede ser captado sólo por una palabra o una idea. El todo es captado más bien por palabras o ideas que se complementan entre sí. Por lo dicho, los Salmos como poesía musical, enfatizan por medio de su forma poética lo siguiente: **la vida es multifacética.**

El intelecto ama el cambio, (= pensamiento moderno)
pero el corazón necesita la (= pensamiento del Antiguo
repetición. Oriente)

La poesía hebrea está fuertemente marcada por el uso de símbolos. Superficialmente el lenguaje figurado (= metafórico) de los Salmos parece ser curiosamente poco nítido (borroso) y poco realista (exagerado). Esta observación no debe llevarnos al veredicto equivocado, que al lenguaje de los Salmos le falta nitidez, claridad y compromiso. Estos últimos están presentes, pero en otro nivel, ya que por su lenguaje poético el horizonte de la comprensión usual debe ser disuelto y el lector retado a pensar de una manera distinta, o repensar algo, respectivamente. De ahí que una interpretación de los Salmos tiene que ser muy consciente del uso de metáforas, para poder reconocer y entender, tanto el significado intelectual como el emocional de la poesía (unidad de cabeza y corazón).

Los Salmos también demuestran que la discusión acerca de una interpretación «literal» de la Biblia no es muy útil. Salmo 18.29, por ejemplo, recién se entiende correctamente cuando se interpreta justamente según las Escrituras y el texto. En este sentido, el enunciado «con mi Dios puedo escalar cualquier muro» sólo se entiende correctamente, de acuerdo con la intención de la Palabra de Dios, cuando se reconoce que Salmo 18.29 no contiene una recomendación para comprarse equipos para escalar y una instrucción para trepar muros, sino que expresa figuradamente, que «el creyente puede sobrepasar las mayores dificultades con la ayuda de Dios». El que quiere interpretar «al pie de la letra», debe tomar en cuenta que una exégesis según el texto y las Escrituras siempre debe estar «de acuerdo con la Palabra»: tiene que orientarse por la intención de la Palabra de Dios. Esto quiere decir que hay textos que necesitan ser interpretados simbólicamente para poder entenderlos en el sentido correcto «de acuerdo con la Palabra», es decir, según el texto y las Escrituras. Cuando se interpreta este tipo de textos el paso 5 es especialmente importante.[46]

Es recomendable que se sigan las siguientes directrices al interpretar los salmos del Antiguo Testamento:

(1) Defina la forma literaria[47] del Salmo.
(2) Hay que darse cuenta de los distintos componentes del texto.
  › ¿Qué partes tienen que ir juntas (paralelismo)?
  › ¿Cómo se deben entender las distintas figuras literarias/ modismos (simbolismo)?
(3) Ordene por unidades textuales.
(4) Defina el tema principal del Salmo.

(d) El tipo de texto sapiencial o de sabiduría pertenece a la categoría de la literatura poético-didáctica. Aprovecha todas las formas de expresión literaria disponibles. Hay que tomar en cuenta que casi cada versículo contiene figuras literarias que necesitan ser resueltas durante el proceso de interpretación. La intención básica de los textos de sabiduría se orienta en la vida práctica: quieren capacitar para la vida por medio de la exhortación, consolación y dar ánimo. Enseñan a vivir. Por esta razón no sólo el paso 5 sino también el paso 10 son de especial importancia cuando se interpreta los textos de sabiduría.

Es recomendable seguir las siguientes directrices al interpretar textos de sabiduría del Antiguo Testamento:

(1) Comience en el nivel de la oración y resuelva las figuras literarias.

(2) Forme unidades más allá de las oraciones separadas y tenga en cuenta que en la literatura sapiencial no cuenta tanto la precisión de lo que se quiere decir, sino la impresión que desea dejar el enunciado en el lector.

(3) Averigüe si la unidad textual expresa una regla o una excepción.

(4) Descubra las indicaciones prácticas que están conectadas entre sí, las cuales animan a tomar decisiones en la vida cotidiana de acuerdo con la voluntad de Dios.

(e) El tipo de texto conocido como los textos proféticos es el género literario más difícil de interpretar. Por lo general, los textos proféticos se refieren en lenguaje figurado a un evento específico (que está en el futuro cercano, desde el punto de vista de los destinatarios originales) y que para nosotros generalmente ya está en el pasado; y por otro lado también se refiere a eventos que a veces son muy lejanos (futuro lejano). Muchas veces los acontecimientos son descritos como si se tratara del mismo evento. Este fenómeno se muestra claramente en las promesas que predicen la venida del Mesías y el comienzo de su reino (comparar p. ej. con Zac 9.9 y subsiguientes; Miq 5.1 y subsiguientes). Como el AT carece de la profundidad de campo necesaria para detectar la distancia en el tiempo (aquí se habla de «profecía tuerta»), uno tiene que tomar en cuenta a la hora de interpretar los eventos que se interrelacionan y se entretejen, porque podrían estar separados por el tiempo y tendrían que ser evaluados con cuidado respecto a su cronología.

Aquí se necesita un buen conocimiento del trasfondo histórico contemporáneo y un buen entendimiento de la historia de salvación. Por estas razones los pasos 3, 8 y 10 son de especial importancia cuando se interpreta textos proféticos.

Es recomendable seguir las siguientes directrices al interpretar textos proféticos del Antiguo Testamento:

(1) Oriéntese en su interpretación primero a lo largo del sentido literal de las palabras, para descubrir el significado y lo básico de la profecía, respectivamente.

(2) No cambie métodos de interpretación dentro de una misma unidad textual (interpretación literal o interpretación simbólica).

(3) Interprete profecía que todavía no se ha cumplido en base a la norma de la profecía que ya se ha cumplido (p. ej. doble venida del Mesías como modelo de «profecía tuerta» [= eventos que están separados en el tiempo se describen como si estuviesen sucediendo al mismo tiempo]).

(4) Tenga en cuenta el principio de la «referencia múltiple» (p. ej. son posibles los cumplimientos múltiples o cumplimientos parciales, respectivamente).

b) Géneros literarios del Nuevo Testamento

En el Nuevo Testamento se diferencia como géneros literarios básicos las cartas (a), la biografía teológica (b), la monografía histórica (c) y el Apocalipsis (d). Basándonos en G. D. Fee podemos describir los cuatro géneros principales de esta manera:[48]

(a) «Las cartas[49] se componen en su mayor parte por secciones argumentativas y secciones apelativas. Aquí el intérprete tiene que aprender en primer lugar a detectar la línea argumentativa del autor para entender correctamente las oraciones y los párrafos individuales». Parecido como hoy en día, en los tiempos antiguos también había formas fijas de escribir una carta. Sin embargo, dentro de este esquema básico (introducción — cuerpo — conclusión) se utilizaba una gran variación de convenciones y formulaciones. La introducción a la carta (el prólogo) consiste en el remitente (*superscriptio*), el destinatario (*adscriptio*) y el saludo (*salutatio*). En el NT el prólogo generalmente concluye con lo que se llama «comentario preliminar», en el cual se alaba la eficacia de Dios con actitud de gracias. El cuerpo de la carta puede variar en cuanto a longitud y contenido. Pablo generalmente utiliza sus cartas para dar consejo y dirección a la iglesia a la cual escribe; de esta manera podía continuar o preparar su trabajo misionero, sin tener que estar atado a un solo lugar. La conclusión de una carta contiene una bendición final y últimos encargos (p. ej. de saludar a alguien). Dentro del marco de la interpretación del tipo de literatura que son las cartas del NT los pasos 4, 6 y 7 son especialmente importantes.

(b) «Los Evangelios consisten en perícopas, unidades de enseñanza y narración individuales, que tienen sus particularidades y que presentan características formales diferentes unas de otras. Su integración en el contexto actual tiene su origen en la forma de ordenar el material por los mismos evangelistas». Lo característico de este género es que las narraciones o informes individuales se caracterizan por un estilo episódico con representación escénica. Así se enfatiza el perfil especial de las personas con su manera respectiva de hablar y actuar. Elementos centrales de esta forma de narrar son el discurso directo y el diálogo. La narración por lo general sigue un patrón constituido por tres partes: introducción, evento y resultado. Sin embargo, los Evangelios constituyen un género literario del cristianismo temprano muy propio. Son una creación literaria que no existía antes. La categoría «biografía» no es suficiente para describirlos ni tratarlos. En los Evangelios no se trata de redactar una descripción absolutamente completa de la vida de Jesús. Más bien se trata de proveer a través de una selección (Jn 20.30-31) una visión históricamente confiable del carácter, la obra y las palabras de Jesús, para llevar por medio de ella a la fe y fortalecer en la fe (Lc 1.1-4; Jn 20.31). En los Evangelios, los informes históricos y la proclamación (historia y kerigma) han entrado en una conexión inseparable y sin haber disminuido. Para la interpretación de los Evangelios son de especial importancia los pasos 3, 5 y 7.

(c) «El libro de los Hechos consiste en una serie de narraciones cortas e interconectadas, interrumpidas de vez en cuando por diferentes discursos». El libro de los Hechos es menos una historia de la iglesia que una historia de misiones. Se debe reconocer que el libro de los Hechos no fue redactado para entretener, aunque su estilo sea entretenido. Se trata más bien de que el lector reciba una evaluación segura acerca de lo que fue históricamente esencial. Por eso, para la interpretación de los Hechos los pasos 3 y 8 requieren especial atención.

(d) «El libro del Apocalipsis en principio consiste en una serie de relatos visionarios construidos con cuidado y entretejidos para resultar en una narración apocalíptica». El Apocalipsis de Juan proviene de la tradición judía y es parte integral de ella. Esto es así porque analiza el pasado, el presente y el futuro a la luz de la profecía del Antiguo Testamento y como explicación de esta. De especial importancia para la interpretación del Apocalipsis son los pasos 5, 8 y 10.

Cada uno de estos géneros literarios principales incluye subgéneros que se caracterizan por su forma literaria particular.

Como «forma» se denomina la suma de todas las características lingüísticas de un texto. El lector reconoce las diferentes formas literarias, ya que los textos contienen elementos formativos (fórmulas). Estos elementos formativos llevan al lector automáticamente a una comprensión dada del texto. Esto quiere decir que la forma ya muestra el contenido. Es por esta razón que de hecho se puede diferenciar entre forma y contenido, pero no se los puede separar. Los elementos con el efecto de señal más intenso determinan a qué forma literaria se puede asignar un texto. A continuación, se mencionan las formas literarias más importantes.

(2) Determinar las formas literarias de la unidad textual

Para obtener mayor claridad, a continuación, vamos a diferenciar entre formas literarias del Antiguo Testamento (a) y formas literarias del Nuevo Testamento (b).

a) Formas literarias del Antiguo Testamento

La literatura del Antiguo Testamento se puede dividir en las siguientes formas: prosa, proverbios y cánticos. Cada una de estas formas tiene varias subcategorías.

● Formas de prosa en el Antiguo Testamento

Discursos:	Documentos oficiales:	Narraciones:
Discursos generales & políticos:	*Contratos:*	*Narraciones poéticas:*
• Discurso de despedida	• entre pueblos	• Anécdotas
• Discurso para incitar	• entre Dios y los seres humanos	• Novelas cortas
• Discurso de juicio	• entre el pueblo y el rey	• Narraciones detalladas
• Monólogo	• Contratos privados	*Narraciones históricas:*
• Diálogo	*Cartas:*	• Relatos/Informes
Discursos espirituales:	• Cartas reales	• Crónicas/Anales
• Prédica profética	• Cartas artificiales	• Autobiografías
• Prédica sacerdotal	*Listas, Leyes:*	• Narración de sueños
• Prédica de sabiduría	• Reglamentos seculares	• Relatos de visiones
Oraciones (en prosa):	• Reglamentos sacrales	• Relatos de llamados
• Oración de súplica		
• Oración de arrepentimiento		
• Oración de acción de gracias		

● Formas de proverbios en el Antiguo Testamento

Proverbios de profetas:	Proverbios de culto:	Proverbios con secuencias numéricas
Proverbios proféticos (a futuro):	*Proverbios divinos*	**Proverbios legislativos**
• Proverbio amenazante	*Proverbios sacerdotales*	**Proverbios populares**
• Palabra de salvación	*Proverbios laicos*	**Adivinanzas**
Proverbios de advertencia (en el presente):	Palabras de comparación:	**Proverbios artísticos y de sabiduría**
• Proverbio de reprensión	*Alegoría*	
• Proverbio recordatorio	*Parábola*	
	Fábula	

● Cánticos en el Antiguo Testamento

Cánticos relacionados a la vida de un individuo:	Cánticos relacionados al rey y a la comunidad:	Cánticos religiosos, de culto:
Cánticos de trabajo y cosecha *Cánticos de boda y de amor* *Cánticos de vigilancia* *Cánticos de burla* *Cánticos de funeral*	*Cánticos del rey* *Cánticos de victoria* *Cánticos de burla* *Cánticos de funeral* **Poemas didácticos de sabiduría y Salmos de sabiduría**	*Himnos* *(= alabanza descriptiva):* • Salmos de la creación • Canciones de Sión • Canciones de alabanza a Dios *Cánticos de lamento:* • del pueblo • de un individuo *Cánticos de confianza:* • del pueblo • de un individuo *Cánticos de agradecimiento (= alabanza narrativa):* • del pueblo • de un individuo

Basándose en estas listas el intérprete puede intentar determinar las formas literarias en la unidad textual que está interpretando. Lamentablemente, no es posible dentro del marco de este libro describir cada forma literaria con más detalle y dar ejemplos para ellas. Para eso se tendría que escribir un libro aparte. A continuación, vamos a dar algunos ejemplos acerca del trabajo exegético con las formas literarias del Antiguo Testamento utilizando lo que la Biblia dice acerca de la creación del mundo.

Lo que el Antiguo Testamento dice acerca de la creación se nos presenta en diferentes géneros y formas literarias. Por un lado, tenemos la narración en prosa sobre la creación en Génesis 1 (con detalles acerca de la creación del ser humano en Génesis 2). La integración de la historia de la creación en el relato sobre el comienzo de la historia de la salvación del pueblo de Israel (véase por ejemplo el registro de familias/ las genealogías) demuestra que en el caso de esta historiografía profética la intención del autor no es una historia poética y ficticia sino la prosa de una simple narración histórica. Sin embargo, en el Antiguo Testamento también hay comentarios acerca de la creación que son poéticos. Así encontramos varios poemas de sabiduría acerca de la creación (Sal 104; Job 38.4-11; Pr 8.22-31) e incluso textos extremadamente poéticos que hablan de la lucha antigua entre Yahvé con un monstruo marino (Job 26.12-13; véase 3.8; Sal 74.13 y siguientes; 89.9-10; Is 51.9-10). Lo que es importante para la exégesis es que el informe histórico de la narración de la creación de Génesis se pueda creer y entender de acuerdo con su género y su forma literaria. Génesis no consiste en una lección científica sobre la formación del mundo, pero sí trata de la verdad y la realidad sobre el comienzo del mundo por medio de la obra poderosa de Dios que hace historia. Por otro lado, va a ser importante entender los enunciados poéticos acerca de la creación en la Biblia de acuerdo con su intención poética. Se estarían entendiendo mal sus imágenes poéticas, si a la hora de leer motivos poéticos como «las columnas del mundo» o «lucha con Rahab y Leviatán» se concluiría: ¡Ah, así es como los israelitas se imaginaron específicamente la creación! El tomar en cuenta el género y la forma nos puede enseñar a interpretar prosa como prosa y poesía como poesía.

b) Formas literarias en el Nuevo Testamento

En el Nuevo Testamento el estudio de las formas literarias se ha concentrado principalmente en la exploración de la historia de las formas en los Evangelios sinópticos.

A continuación, presentaremos primero las formas literarias dentro de los Evangelios. Al hacer esto, sin embargo, no queremos limitarnos a una lista de formas literarias, sino más bien, donde nos parece necesario, también las queremos explicar brevemente y ofrecer ejemplos. En esta área, los términos utilizados en las obras innovadoras de la crítica formal de M. Dibelius, R. Bultmann y K. Berger son los que prevalecen y son generalmente usados. Obviamente diferentes eruditos que utilizan la crítica de las formas usan clasificaciones y términos que varían entre sí. De este modo, por ejemplo, algunos teólogos dividen las parábolas en «parábolas en sí», «parábolas», «historias ejemplares» y «alegorías». No obstante, esta es una diferenciación que al fin y al cabo no tiene mucho sentido. En el marco de este libro no es posible debatir acerca de las diferentes posibilidades de clasificación.

- **La transmisión de palabras en los Evangelios**

Palabras sapienciales/de sabiduría
(Palabras que son formadas de manera similar a la sabiduría judía y en los proverbios del AT)
- *Principios:* p. ej. Mt 6.34b; Lc 10.7.
- *Palabras de exhortación:* p. ej. Mt 10.16; Lc 14.8 y siguientes.
- *Preguntas:* p. ej. Mt 6.27; Lc 6.39.

Palabras proféticas
- *Palabras de sanación:* p. ej. Mt 11.5-6; Mr 10.29-30; Lc 6.20-21.
- *Palabras de amenaza:* p. ej. Mt 23; Lc 13.28-29.
- *Palabras de exhortación* (motivadas escatológicamente): p. ej. Lc 12.35-38; 21.34-36.
- *Palabras apocalípticas* (formuladas al estilo de las predicciones apocalípticas veterotestamentarias y judías, ilustradas, por cierto, muy vívidamente): p. ej. Mr 13; Lc 17.20-37.

Palabras legales / reglas para la iglesia
(Reglas de comportamiento y normas para los más diversos casos; a veces como interpretación de la Torá;[50] formulados de manera casuística: «si…, entonces», o hilvanados como un catecismo): p. ej. Mt 5.34 y siguientes; 6.5-6; 6.16 y siguientes; 10.5-16; 18.15-17; 23.8-10; Mr 2.27; 11.25; Lc 3.10-14.

Palabras de cristo
(Palabras de Jesús con las que revela su carácter, su persona. Otros simplemente hablan de los dichos de Jesús en primera persona «yo» y «yo soy»)
- *Dichos acerca del Hijo del Hombre:* p. ej. Mt 8.20; Mr 10.45
- Los «yo»:[51] Mt 11.27-30; 23.34-39
- Los «yo soy» (*sólo en el Evangelio de Juan*): Juan 6.35; 8.12; 10.7, 9, 11, 14; 11.25; 14.6; 15.1, 5.

Palabras figuradas

(Palabras y discursos que Jesús expresa figuradamente, de los cuáles las parábolas tienen un significado especial)

- *Expresiones figuradas* (Proverbios que expresan algo figuradamente): p. ej. Mt 5.14; 8.20; 10.24; Mr 4.24-25; Lc 5.38.
- *Metáforas* (Palabras que transfieren hechos a lo expresado figuradamente): p. ej. Mt 7.13-14; 8.22; 9.37; 15.14.
- *Comparaciones* (la realidad/el hecho y la ilustración son entrelazadas por una palabra comparativa como p. ej.: «como… por lo tanto»): p. ej. Mt 10.16; 24.27; Lc 11.44.
- *Parábolas* (que dividimos en tres categorías, de acuerdo con lo que Jesús quería decir):
  › Parábolas con un solo clímax, por medio de las cuáles Jesús quiere ilustrar un solo punto mediante un ejemplo. La mayoría de las 41 parábolas sinópticas forman parte de esta categoría: p. ej. Mt 13.45-46; Mr 4.26-29; Lc 18.1-8.
  › Parábolas con dos clímax, que contienen dos puntos a los que apunta Jesús. El «clímax» principal suele ser el segundo. Hay 4 parábolas que forman parte de esta categoría:
     Mt 20.1-15: Parábola del misericordioso señor de la obra;
     Mt 22.1-14: Parábola de la gran cena del señor;
     Lc 15.11-32: Parábola del padre amante;
     Lc 16.19-31: Parábola del hombre rico y del pobre Lázaro.
  › Parábolas alegorizantes, en las cuales Jesús quiere que hagamos una interpretación espiritual o una aplicación interpretativa de los detalles contados.
     Ya que el significado de este tipo de parábola no siempre es obvio, se ofrece una interpretación varias veces después de la narración de la parábola:
     Mt 13.3-9; 13.18-23.
     Mt 13.24-30; 13.36-43.

La alegorización leve también puede ocurrir en parábolas con uno o dos clímax (p. ej. Mt 21.33-46, «El trabajador malvado de la viña»; Mt 22.1-14, «El banquete de bodas»). Esto sucede cuando el aspecto del contenido/ de los hechos influye un poco más de lo usual en el aspecto de la ilustración. Sin embargo, la interpretación no se menciona explícitamente.

● **La transmisión de la historia en los Evangelios**

También en las secciones narrativas de los Evangelios encontramos una variedad de formas literarias:

Paradigmas o **Sentencias breves** respectivamente
Historias breves que concluyen con una palabra sucinta y punzante de Jesús: p. ej. Mt 8.19-20; 8.21-22; 17.24-27; Mr 2.23-28; Lc 5.1-11; 19.1-10. En parte los paradigmas coinciden con narraciones de milagros, véase p. ej. Mr 2.1-12. Bultmann llamó a estos textos «apophthegmata»[52] y los contó como transmisión de palabras.[53]

Debate
Relatos que narran los debates de Jesús con sus adversarios: p. ej. Mr 11.27-33; 12.28-34.

Narraciones de milagros
- *Milagros de sanación:* p. ej. Mt 8.5-13; 9.1-8.
- *Exorcismos:* p. ej. Mr 1.21-28; 5.1-20.
- *Milagros de la naturaleza:* p. ej. Mt 8.23-27; Mr 4.37-41; 6.45-52; 8:1-9; Jn 2.1-12.

Narraciones de instauración
Relatos sobre la instauración de la Santa Cena: Mt 26.26-29; Mr 14.22-25; Lc 22.15-20; compárese con 1Co 11.23-25.

Historia del sufrimiento de Jesús
La unidad narrativa que abarca todo, desde el arresto de Jesús hasta la representación de su muerte — o en otros casos: hasta la tumba vacía: Mr 14.43-15.39 y paralelos.

Relatos históricos[54]

Los siguientes relatos, que no son parte de las categorías ya mencionadas de transmisión de historias, sobran y se categorizan bajo el término general de relato histórico:

- La *historia previa*: Mt 1-2; Lc 1-2.
- El *bautismo de Jesús*: Mt 3.13-17 y textos paralelos.
- La *tentación de Jesús*: Mt 4.1-11 y textos paralelos.
- La *confesión de Pedro*: Mt 16.13-20 y textos paralelos.
- La *transfiguración de Jesús*: Mt 17.1-9 y textos paralelos.
- La *entrada triunfal*: Mt 21.1-11 y textos paralelos.
- Las *historias de la resurrección de Jesús*, es decir, los relatos acerca de las apariciones individuales del Jesús resucitado (véase también bajo «historia del sufrimiento de Jesús»): Mt 28; Mr 16; Lc 24; Jn 20-21.

Otras formas literarias del Nuevo Testamento

De los 27 libros del Nuevo Testamento, 21 se deben considerar de una u otra manera como CARTAS. Antes se solía diferenciar (A. Deissmann) entre la carta en sí y la epístola (un discurso que meramente fue redactado literariamente en forma de carta). Hoy en día ya no se hace esta diferenciación con respecto a las cartas del Nuevo Testamento. En el Nuevo Testamento, la carta es un instrumento para el trabajo misionero y con las iglesias, sin importar si está dirigido a individuos (Filemón, 3Jn), a colaboradores o compañeros de trabajo (Cartas Pastorales), a una iglesia individual (Roma), si tiene más el carácter de carta circular (Efesios) o si se dirige a un grupo más grande y variado de destinatarios (Hebreos, Santiago).

En cuanto al marco formal, las cartas de Pablo por lo general se ciñen al formulario helenístico de cartas, aunque el saludo se alinea más con la tradición judía del saludo de paz. Los siguientes elementos forman parte de este patrón básico:

El formulario helenístico de cartas utilizadas por Pablo

- *Introducción a la carta*: Prólogo que contiene el remitente, el destinatario y el saludo.
- *Comentario preliminar*: Prefacio introductorio que conecta la introducción con el cuerpo de la carta. Contiene agradecimiento e intercesión.
- *Cuerpo de la carta*: Parte principal de la carta (que contiene en sí muchos géneros literarios).
- *Conclusión de la carta*: con indicaciones personales, saludos y una bendición personal.

En las cartas del Nuevo Testamento se utilizan una gran variedad de formas individuales. Queremos nombrar algunas, aunque seguramente no son todas.

Formas litúrgicas

Aquí utilizamos el término «litúrgico» en un sentido muy amplio: sin querer decir que las partes respectivas habían ocupado su lugar en una liturgia cristiana original, sólo hipotéticamente pensable, y que fueron integradas más tarde en la carta.

- *Himno*: El himno suena a alabanza y elogio. Formalmente su distintivo es el uso de participios y oraciones relativas. A veces se le reconoce por su estructura basada en estrofas. En el Nuevo Testamento encontramos:
  - › Himnos a Dios: p. ej. Ro 11.33-36.
  - › Himnos a Cristo: p. ej. Fil 2.6-11; Col 1.15-20; 1Ti 3.16; 1P 2.21-24.
- *Doxología*: Como doxología se denomina frases cortas de alabanza a Dios: p. ej. Ro 11.36; 16.27; 2Co 1.3; Gá 1.5; Ef 1.3; 3.21; Fil 4.20; 1Ti 1.17; 2Ti 4.18; 1P 1.3; Ap 4.8, 11; 5.9-10.
- *Fórmulas de confesión/testimonio*: Podemos diferenciar entre:
  - › - La homología (confesión breve de fe en Dios o en Cristo como Señor): p. ej. Ro 3.30; 10.9; 1Co 8.6; 12.3; compárese con Fil 2.10.
  - › - Confesiones/testimonios en sí, sea como credo detallado: 1Co 15.3-5; quizás Ro 1.3-4; 1P 1.18-21; 3.18-22; o en forma de una pequeña fórmula de fe, con la cual se profesa la muerte y resurrección de Cristo: Ro 4.24-25; 5.6, 8; 8.34; 14.15; 1Co 8.11; 2Co 13.4; Gá 2.21; 3.13; 1Ts 4.14.

Formas parenéticas («que exhortan»)

- *Catálogos de virtudes y vicios:*
  - › Catálogos de vicios: p. ej. Ro 1.29-31; 1Co 5.10-11; 6.9-10; Gá 5.19-21; Ef 4.31; 5.3-5; Col 3.5-8; 1Ti 1.9-10; 2Ti 3.2-4.
  - › Catálogos de virtudes: p. ej. Gá 5.22-23; Ef 4.2-3; Fil 4.8; Col 3.13-14; 1Ti 4.12; 2P 1.5-7.

Este tipo de enumeraciones en forma de catálogo no sólo existen de manera formalmente parecida en la ética cínica-estoica —como a veces se quiere hacer pensar—, sino también en el Antiguo Testamento y en el judaísmo temprano.

- *Amonestaciones dirigidas a los miembros de familia*: Son exhortaciones cortas para las diferentes personas en un hogar cristiano respecto al comportamiento cristiano-ético. En estas amonestaciones dirigidas a los miembros de familia, el orden de las personas aludidas y la combinación de personas puede variar de un caso al otro: p. ej. Ef 5.22-6.9; Col 3.18-4.1; 1Ti 2.8-15; Tit 2.1-10; 1P 2.13-3.12. —En el judaísmo hay ciertas formas tempranas de estas amonestaciones dirigidas a los miembros de familia (Pr 1.8-19; Sir 7.3-28; 30.1-13; 4Mac 2.10-14; Decálogo de Filón 165-167) y también en la Estoa influenciada por los semitas. Sin embargo, fuera del NT no hay amonestaciones dirigidas a los miembros de familias completas.

- *Catálogos de obligaciones*: Estos catálogos son listas en las cartas del NT que enumeran características (requisitos) de actividades y calificaciones para los que colaboran en las iglesias. Tenemos este tipo de listas con respecto a
  - › Los obispos/los ancianos: 1Ti 3.1-7; 5.17-22; Tit 1.5-9.
  - › Diáconos: 1Ti 3.8-13.
  - › Viudas en la iglesia: 1Ti 5.3-16.

En Tito 2.1-10 el catálogo de obligaciones para un colaborador en la iglesia y las amonestaciones dirigidas a los miembros de familia confluyen.

A continuación, queremos dar ejemplos para el trato exegético de las formas literarias en el Nuevo Testamento. Esto lo vamos a hacer en base a las parábolas.

El trato de las parábolas de Jesús no siempre ha sido fácil para los intérpretes de la Biblia. Por siglos se interpretó espiritualmente cada detalle y elemento de las parábolas. Esto se hacía porque se creía que esta era la mejor manera para hacer justicia a la calidad única de las parábolas de Jesús como revelación de Dios.

En el caso de la parábola del buen samaritano (Lc 10.30-37) esto sonaba así: el hombre que cayó en manos de ladrones es la persona herida por el pecado y por el diablo; Jesús es el buen samaritano; echa vino (= su sangre sacrificial) y aceite (= el Espíritu Santo) en las heridas causadas por el pecado; entonces se lleva al hombre al mesón (= iglesia). Sin embargo, el contexto de Lucas 10 aclara que para Jesús de lo que se trata es la pregunta: ¿Quién es mi prójimo? y si estoy dispuesto a comportarme frente a una persona como prójimo. De tanta alegorización estos puntos se olvidan completamente. Otro ejemplo: ¡Cómo se ha sucumbido, una y otra vez, a la tentación de interpretar espiritualizando cada uno de los aspectos individuales de la parábola de las diez vírgenes! (Mt 25.1-13). Así se tenía que interpretar las lámparas, el aceite, las vasijas, los vendedores, etc. ¿Se deben ver a las diez vírgenes como cristianas, o es que solo cinco de ellas eran cristianas nominales que sólo tenían la apariencia de una vida espiritual? Pero si el aceite simboliza el Espíritu Santo —como la mayoría cree— entonces, ¿no tendrían que haber tenido todas al Espíritu Santo al comienzo? ¿Es que entonces los cristianos nacidos de nuevo pueden perder el Espíritu? Y, ¿qué significa el tener aceite en la vasija y no sólo en la lámpara? Además, ¿por qué mandan las vírgenes prudentes a las otras donde los vendedores en el momento crucial? En nuestra opinión, interpretaciones que han seguido intentos de explicaciones de este tipo han enturbiado más la parábola. De tanto luchar por obtener la alegoría correcta, no se fijan que en el contexto lo que Jesús quiere comunicar es: «¡Así que ustedes también deben estar alerta! Porque no saben el día ni la hora de mi regreso» (Mt 25.13 NTV). La lista de ejemplos podría seguir ampliándose.

Por otro lado, los antiguos liberales alrededor de 1900 querían sacar sólo un principio o máxima moral general de cada parábola. Jesús con su prédica poderosa fue reducido al promedio de un moralista amargo que —exactamente de acuerdo con la regla retórica de Aristóteles—

sólo quería ilustrar un solo punto, que todos entendieran, con sus parábolas.

Así dijeron por ejemplo que con la parábola de los talentos (Mt 25.14 y siguientes) sólo quiso ilustrar el siguiente pensamiento: «Salario solo contra trabajo».[55] Con este método se redujo el contenido del mensaje de Jesús a la moral burguesa. La dimensión del reino de Dios se volvía secundaria. Sin embargo, hay textos (como la parábola del sembrador en Mt 13.3-8, 18-23) donde se encuentran indicios de que el texto no sólo trata de esclarecer un solo principio sino mostrar verdades espirituales codificadas en imágenes. Estos casos se consideraban como alegorizaciones de la iglesia cristiana original, y no como algo dicho por Jesús mismo.

Entonces, ¿en qué hay que fijarse a la hora de interpretar las parábolas? Brevemente se pueden dar en forma de tesis las siguientes indicaciones:

- Una parábola no es un relato histórico acerca de un acontecimiento específico, ni un relato por contar, sino una narración ejemplar con un mensaje intencional.
- La meta de la interpretación es detectar poco a poco el mensaje que tenía en mente el narrador. «¿Qué quería decir Jesús a sus oyentes en ese entonces?» es la pregunta central y no: «¿Cuál es el significado que le puedo dar a esta parábola según mi interpretación?»
- El mensaje de una parábola está vestido con la manera de hablar figurada de una narración ejemplar. Por eso en la interpretación de una parábola tenemos que diferenciar entre el aspecto de la ilustración y el aspecto del mensaje en sí.
- Generalmente no hay que aplicar cada detalle de la ilustración al contenido/al mensaje en sí. Eso sería una alegoría que interpreta cada detalle espiritualizándolo. Por lo general, el narrador de una narración ejemplar no elabora su historia de esta manera, no le ha dado un significado misterioso a cada detalle de la ilustración. Y lo importante aquí es lo que tenía en mente el narrador.
- Como ya indicamos anteriormente, hay parábolas que tienen un solo clímax (con las que Jesús quiso ilustrar un solo punto) y las que tienen dos clímax (que tienen dos mensajes, el segundo

siendo el más importante de los dos) y algunas pocas parábolas alegorizantes (que han sido construidas por Jesús con la idea de que cada detalle de la ilustración esté relacionado a un significado determinado en el mensaje en sí).

- El contexto de la parábola usualmente le da la clave al intérprete para entender el significado original, porque generalmente se describe una situación a la cual Jesús responde con una parábola. Por ejemplo, la parábola del buen samaritano en Lucas 10 responde a la pregunta: «¿Quién es mi prójimo?» (v. 29), y le da a esta pregunta en su parábola el giro hacia otra: «¿A quién estoy presto a ser prójimo yo?» Con las parábolas de la oveja perdida, de la moneda perdida y del hijo pródigo en Lucas 15 Jesús reacciona a la situación (descrita en Lc 15.1-2) que los fariseos no se pueden alegrar porque Jesús acepta a los pecadores. Jesús responde a esto con las tres parábolas, de las cuales las primeras dos tienen un solo clímax y la tercera tiene dos clímax. Tomemos como tercer ejemplo la parábola del sembrador[56] (Mt 13.3-9 y 18-23). Su intención de alegorización se aclara en base a que Jesús dibuja cuatro escenas diferentes las cuales, se supone, deben tener cada una su propio significado. Desde este aspecto del mensaje en sí, ha sido construida la historia ilustrativa en cada detalle. Ya que el significado de parábolas alegorizantes no siempre les pudo haber estado claro a los oyentes, en los versículos 18-23 se provee la interpretación completa.

- Lo importante para la interpretación de parábolas es que hay que entender las escenas narradas en base a su trasfondo correspondiente: el trasfondo histórico de la antigua Palestina. Ya que usualmente Jesús narraba eventos que hubieran podido suceder de esa manera o de manera parecida en la vida diaria de ese entonces, a pesar de que a veces les daba un giro sorprendente o una agudización radical a los elementos de la parábola. De esta manera, la parábola del sembrador se basa en la costumbre palestina de sembrar primero en la tierra sin preparar, y luego enterrar todo arándolo. Y la parábola de las diez vírgenes está relacionada a los elementos normales y usuales con relación al traer a casa a la novia y de la fiesta de bodas, siendo la única excepción el final de la parábola, que es sorprendente e incluso impactante.

(3) Descifrar los modismos/figuras literarias en la unidad textual

En las Sagradas Escrituras no sólo encontramos una gran variedad de géneros y formas literarias sino también una gran cantidad de figuras literarias/modismos y expresiones peculiares. El análisis estilístico examina las características estéticas en relación con la pregunta respecto a la intención del texto. Aquí sólo podemos mencionar algunos de los modismos/figuras literarias más importantes. Las presentamos en orden alfabético:

ACRÓSTICO: La palabra acróstico (del griego *akros* «comienzo» y *stijoi* «línea de un verso» describe una composición poética que juega con el alfabeto. Las primeras letras de cada verso o de cada estrofa, que se leen en sentido vertical, o siguen el orden alfabético (es decir, la primera palabra de la primera estrofa empieza con A, la primera palabra de la segunda estrofa con B, etc.) o las primeras letras forman, leídas en secuencia, ciertas palabras (acróstico de palabras). En el Antiguo Testamento hebreo se encuentra esta figura literaria/modismo por ejemplo en Sal 9; 10; 111; 119; 145; Pr 31,10-31; Lm 1-4.

ALEGORÍA: La alegoría (del griego *allos agoreuo*, «hablar diferente») describe una manera de hablar en la cual cada detalle de una ilustración quiere ser aplicada a lo concreto (así, posiblemente, en Cnt 2.15: «Atrapen todos los zorros… antes de que arruinen el viñedo… ¡porque las vides están en flor!» (NTV) donde —según algunos intérpretes— los zorros se refieren a los jóvenes molestosos y las vides que están en flor a las jóvenes). A veces una alegoría es una historia específica que se aplica espiritualmente siguiendo sus elementos individuales (así Pablo en Gá 4.21-31).

ANACOLUTO O SOLECISMO: El anacoluto (del griego *an* «sin», y *akoluthon* «lo que sigue») describe el abandono de una frase comenzada y su continuación de otra manera. En Lucas hay ejemplos para este tipo de expresión (Lc 21.6 «En cuanto a lo que ustedes ven, vienen días…» [RVC]) y Pablo también la utiliza (Ef 3.1-2: «Cuando pienso en todo esto, yo, Pablo, prisionero de Cristo Jesús por el bien de ustedes los gentiles…[57] A propósito, doy por sentado que ustedes saben que Dios me encargó de manera especial…» [NTV]).

ASÍNDETON: El término asíndeton (del griego *asyndetos*, «no atado») describe la omisión de conjunciones entre palabras o partes de frases, que es frecuente en la Biblia. En los ejemplos a continuación hemos añadido las conjunciones que faltan entre paréntesis: «El Señor hizo pedazos el cetro de los impíos, (y) el cetro de los grandes señores»; (RVC) Is 14.5.o: «y anda (y) reconcíliate primero con tu hermano», Mt 5.24.[58]

QUIASMO: Esta figura literaria, que es muy frecuente en la Biblia, se sirve de la repetición de frases, pero en orden inverso. El término «quiasmo» viene de la letra griega ji (que se escribe X), que simboliza un orden en cruz, como lo hace la equis. Hay varios patrones del quiasmo:[59]

- El patrón a b — b'a' (p. ej. Pr 10.3 [RV60]):
  (a) Jehová no dejará padecer
  (b)   hambre al justo;
  (b')   Mas la iniquidad
  (a') lanzará a los impíos.

- El patrón a b c — c' b' a' (p. ej. Gen 9.6 [RV60]):
  (a) El que derramare
  (b)   sangre
  (c)   de hombre
  (c')   por el hombre
  (b')   su sangre
  (a') será derramada.

- La así llamada estructura concéntrica a b c d c' b' a' (p. ej. Jonás 1.3 [RV60]):
  (a) Y Jonás se levantó para huir de la presencia de Jehová a Tarsis,
  (b)   y descendió a Jope,
  (c)   y halló una nave
  (d)   que partía para Tarsis;
  (c')   y pagando su pasaje,
  (b')   entró en ella
  (a') para irse con ellos a Tarsis, lejos de la presencia de Jehová.

Si el intérprete reconoce la correspondencia de este tipo de frases ordenadas quiásticamente, esto muchas veces le servirá para descifrar el significado de términos o frases, porque en la segunda mitad se retoman palabras o motivos de la primera mitad, pero en orden inverso. Por lo general, lo más importante está en el centro de la composición circular. Lo que hay que tener en mente cuando se trata de encontrar una estructura quiástica es que el tamaño de las secciones individuales y su contenido también tienen que corresponder.

ELIPSIS: El término elipsis (del griego *ekleipo* «omitir») describe la omisión de palabras que en realidad son necesarias dentro de una frase. En los ejemplos a continuación las palabras omitidas están entre paréntesis: «Después le dijo: Quítate el manto que traes sobre ti, y tenlo. Y teniéndolo ella, él midió seis [medidas][60] de cebada, y se las puso encima; y ella se fue a la ciudad» Rut 3.15 (RV60); o: «¿hablan todos [en otras] lenguas?» 1Co 12.30 (RV60). Un tipo especial de elipsis es el zeugma (del griego *zeugnymi* = conectar). Un verbo se refiere a dos objetos, a pesar de que en realidad sólo se adecúa a uno de ellos, mientras que el verbo que corresponde al segundo objeto es omitido. Ejemplo: «se vistió de cilicio y [se echó] de ceniza [en la cabeza]» Est 4.1 (RV60); o: «Os di a beber leche, y no [a comer] vianda» 1Co 3.2 (RV60).

EUFEMISMO: El eufemismo (del griego *euphemeo*, «hablar bien») describe una situación en la que se reemplazan palabras ofensivas con unas más inofensivas. Ejemplo: «Pon ahora tu mano debajo de mi muslo [= en mi órgano genital]» Gen 24.2 (RV60); «Nuestro amigo Lázaro duerme [= ha muerto]», Juan 11.11 (RV60); o: «Pero no la conoció [= no tuvo relaciones sexuales con ella]», Mt 1.25 (RV60).

ENDÍADIS: Esta figura literaria, que también se escribe hendíadis (griego: uno mediante dos), se refiere a formulaciones donde una cosa se expresa con dos términos. Ejemplos: «Multiplicaré en gran manera tus dolores y tus preñeces [es decir: la carga que significará estar en cinta]» Gen 3.16 (BTX)[61]; o: «acerca de la esperanza y de la resurrección de los muertos [es decir: de la esperanza por la resurrección de los muertos] se me juzga», Hch 23.6 (RV60).

HIPÉRBOLE: Con este término (del griego *hyper ballo* = arrojar/lanzar más allá de, pasarse de la medida) se describe la figura literaria de la exageración, mediante la cual se aclara drásticamente una cosa. Ejemplos: «Y si tu mano derecha te hace pecar, córtatela y arrójala», Mt 5.30 (NVI); o: «¿Y por qué te preocupas por la astilla en el ojo de tu amigo, cuanto tú tienes un tronco en el tuyo?», Mt 7.3 (NTV).

Inclusión: La inclusión (del latín «encerrar, incluir») se refiere a encerrar un versículo o una sección por medio de la(s) misma(s) palabra(s) al comienzo y al final. Ejemplo: «Por sus frutos los conocerán. ¿Acaso se recogen uvas de los espinos…? Del mismo modo, todo árbol bueno da fruto bueno… Así que, por sus frutos los conocerán», Mt 7.16-20 (NVI). Las formulaciones en Mt 4.23 y Mt 9.35 también forman una inclusión y unen los capítulos 5 al 9 para formar una unidad temática.

Merismo: El merismo (del griego *merismos,* «división, desglosado») describe esa expresión en dos polos, en la cual una totalidad se expresa mediante la mención de dos elementos opuestos. Ejemplos: «Desde los pies hasta la cabeza, están llenos de golpes…» Is 1.6 (NTV); o: "Si subiera al cielo, allí estás tú; si tendiera mi lecho en el fondo del abismo, también estás allí. Si me elevara sobre las alas del alba, o me estableciera en los extremos del mar, aun allí tu mano me guiaría…» Sal 139.8-10 (NVI); o también: «Y estoy convencido de que nada podrá jamás separarnos del amor de Dios. Ni la muerte ni la vida, ni ángeles ni demonios, ni nuestros temores de hoy ni nuestras preocupaciones de mañana. Ni siquiera los poderes del infierno pueden separarnos del amor de Dios. Ningún poder en las alturas ni en las profundidades, de hecho, nada en toda la creación podrá jamás separarnos del amor de Dios, que está revelado en Cristo Jesús nuestro Señor», Ro 8.38-39 (NTV).

Metonimia: Con metonimia (del griego *meta onoma,* «nombrar al lado») se describe el uso de una palabra en vez de otra. Puede ser que se utilice la causa en vez de la consecuencia (y viceversa), el material en vez del producto, la vasija en vez del contenido, un término abstracto para algo concreto. Ejemplos: «… abrogar… los profetas [es decir: las profecías]» Mt 5.17 (RV60); o: «no hubiéramos sido sus cómplices en la sangre [es decir: el asesinato] de los profetas», Mt 23.30 (RV60); «… no soy más que polvo y cenizas [es decir: un hombre que muere]», Gen 18.27 (NTV); «¿Podéis beber el vaso [es decir: el contenido del vaso]» Mt 20.22 (RV09); o también: «porque por la esperanza de Israel [es decir: por el Mesías] estoy sujeto con esta cadena», Hch 28.20. Incluso en español a los padres les gusta utilizar la metonimia cuando le dicen a los niños: «¡Termina de comer el plato!», nombrando la vasija en vez del contenido.

PARALELISMO: Esta figura literaria, también llamada *parallelismus membrorum* en latín (paralelismo de los miembros), tiene que ser explicada con más detalle por el significado que tiene. El paralelismo es la figura literaria base de la posería hebrea. Mientras que el distintivo típico de la poesía en español es la rima —un poema tiene que «rimar»—, este tipo de rima no existe en hebreo. Más bien, la base de la expresión poética en los idiomas semíticos es el paralelismo de los miembros, o sea, las líneas ordenadas paralelamente en un verso. Las dos líneas de un verso concuerdan en estructura o contenido. A continuación, nombramos las formas más importantes de paralelismo:

a) *Paralelismo sinónimo.* En este caso, las dos líneas de un verso concuerdan mutuamente por su contenido. Ejemplos: «Porque fuego salió de Hesbón // una llama del pueblo de Sehón», Num 21.28 (LBLA); o: «Del SEÑOR es la tierra y todo lo que hay en ella // el mundo y los que en él habitan», Sal 24.1 (LBLA).

Si hay palabras que sólo se utilizan en una línea en el paralelismo sinónimo, sin tener algo correspondiente en la otra línea, entonces en la otra línea muchas veces se compensa esta falta por medio de sinónimos que contienen más sílabas en las otras palabras. En este caso se habla de una «versión lastre». Ejemplo: «Cuando salió Israel de Egipto // La casa de Jacob del pueblo extranjero», Sal 114.1 (RV60). Aquí, en la segunda línea falta el verbo; para lo cual se emplea como sinónimo para «Egipto» un enunciado con muchas sílabas: «del pueblo extranjero».

b) *Paralelismo antitético*: En este caso el contenido de los dos miembros del verso es opuesto. Ejemplos: «El hijo sabio alegra al padre // Pero el hijo necio es tristeza de su madre», Pr 10.1 (RV60); o: «La justicia engrandece a la nación, // pero el pecado es afrenta para los pueblos», Pr 14.34 (LBLA). También puede suceder que dos versos, que presentan cada uno un paralelismo sinónimo, entre ellos sean paralelismos antitéticos. Así en Is 1.3: «Hasta un buey conoce a su dueño, / y un burro reconoce los cuidados de su amo («versión lastre») [verso 1]// pero Israel no conoce a su amo / Mi pueblo no reconoce mis cuidados a su favor. [verso 2]» (NTV).

c) *Paralelismo sintético*: En este tipo de paralelismo, en realidad ya no se trata de un orden paralelo de las líneas del verso, sino de una continuación —por lo general incrementada— del pensamiento de la primera línea en la segunda. Ejemplo: «En la lengua hay poder de vida y muerte; // quienes la aman comerán de su fruto», Pr 18.21 (NVI). El elemento que se incrementa también puede ser expresado por medio de un paralelismo que consiste en tres miembros/líneas: «¡Canten al Señor una nueva canción! / ¡Que toda la tierra cante al Señor! / Canten al Señor, alaben su nombre», Sal 96.1-2a (NTV).

Conocer la naturaleza específica del paralelismo es el prerrequisito básico para que el intérprete pueda entender correctamente lo que quieren decir los textos poéticos, de sabiduría y proféticos respectivos. Por ejemplo, la Biblia de las Américas permite varias interpretaciones para el Sal 12. 2a: «Salva, Señor, porque el piadoso deja de ser…». El que no sabe que en la siguiente línea el mismo pensamiento es retomado, con otras palabras, podría preguntarse si el piadoso deja de ser piadoso, o si deja de ser, en el sentido de existir. El paralelismo sinónimo aclara la situación con la siguiente línea del Sal 12.2b: «porque los fieles desaparecen de entre los hijos de los hombres».

El hecho de que muchas traducciones al español más nuevas bosquejan el texto de tal manera que en las ediciones impresas tenemos los Salmos, los Proverbios, partes de los grandes profetas y algunas otras partes del Antiguo Testamento en forma de verso, le ayuda al lector bíblico a darse cuenta de este estilo del paralelismo hebreo utilizado en los pasajes poéticos.

Pars pro toto: Este término (del latín: [tomar] una parte por el todo) describe esa expresión donde una parte de un objeto representa su totalidad. Ejemplos: «vinieron a la sombra de mi tejado [quiere decir: mi casa]» Gen 19.8 (RV60); o: «El pan nuestro de cada día [es decir: la comida], dánoslo hoy», Mt 6.11 (RV60).

PASSIVUM DIVINUM: El «pasivo divino» es una figura literaria importante para la exégesis de la Biblia. Como bien se sabe, las Sagradas Escrituras son reticentes a utilizar mucho el nombre de Dios. El israelita no debe usar en vano el nombre de Dios. Si era posible, se evitaba el nombre de Dios. El pasivo divino servía justamente para evitarlo: En vez del nombre de Dios simplemente se utilizaba el pasivo. Ejemplos: «y se hizo justicia a favor de los santos del Altísimo [quiere decir: Dios les hizo justicia]», Dan 7.22 (LBLA); o: «Bienaventurados los que lloran, porque ellos recibirán consolación [quiere decir: Dios los consolará]», Mt 5.4 (NVI); y: «Dad, y se os dará [quiere decir: Dios les dará a ustedes]», Lc 6.38 (RV60).

Hay muchas figuras literarias más que aparecen en la Biblia pero que no podemos tratarlas aquí. Para el intérprete es importante calcular la posibilidad de encontrarse con ciertas figuras literarias que son típicas para el hebreo y el griego. Las figuras literarias/modismos muchas veces se esconden en expresiones que nos parecen cortadas, extrañas o raras en comparación con la forma «normal» de decir las cosas. Para no errar el significado que el autor tenía en mente, el intérprete tiene que conocer la figura literaria respectiva —o, si le es extraña, tiene que buscarla en un comentario o cualquier otro libro especializado que nombramos en el apéndice.

Pautas prácticas para el paso 5

- En base a lo que dice la literatura especializada, defina a qué forma grande (género literario) pertenece su unidad textual y describa las consecuencias que esto tiene para la interpretación.
- En base a lo que dice la literatura especializada, defina a qué forma pequeña (forma literaria) pertenece su unidad textual y describa las consecuencias que esto tiene para la interpretación.
- En base a lo que dice la literatura especializada, defina qué figuras literarias/modismos contiene la unidad textual y resuélvalas.

De este modo se clarifica, que tomar en cuenta géneros, formas y figuras literarias en la Biblia de todas maneras tiene un valor para la interpretación. Sin embargo, por otro lado, también se tienen que ver los límites del análisis del género, de la forma y de las figuras literarias. En la investigación del AT y NT en el siglo 20 muchas veces se utilizaba la crítica formal para llegar a conclusiones negativas acerca de la historicidad y veracidad de los textos bíblicos (si eran genuinos o no). Por ejemplo, se clasificaba ciertos textos como mitos o leyendas, no necesariamente porque se podrían clasificar así por su forma literaria, sino porque los teólogos respectivos no podían imaginarse que los milagros o eventos narrados en esos textos hubieran podido suceder verdaderamente. Sólo contaban tales relatos como históricos en los que todo sucedía de manera natural y normal. En realidad, de este modo imponían a los textos bíblicos su manera de ver el mundo. Además, con hipótesis creativas, intentaban entrometerse en la historia previa de los relatos bíblicos con su supuesta larga fase de transmisión oral, para explicar cómo lo que supuestamente no podía haber sucedido, fue narrado a pesar de todo. También, con respecto al Nuevo Testamento, la teología histórico-crítica ha formulado términos (por ejemplo «leyendas») que revelan que —en base a prejuicios en la propia cosmovisión— no se considera histórico lo narrado en los Evangelios. En el caso de teólogos críticos como R. Bultmann, las palabras y las historias de Jesús en los Evangelios no le son asignados a Jesús sino a una iglesia temprana creativa —a pesar de que esto no se puede concluir de la forma literaria del texto. Nosotros no compartimos esta opinión crítico-teológica en base a evaluaciones fundamentales, porque esto va más allá del uso provechoso de esta ayuda para la exégesis. (No es posible discutir al detalle y críticamente la crítica formal del Nuevo Testamento dentro del marco de este libro. Sin embargo, en el apéndice se mencionan libros que se ocupan de hacer justamente eso.) Haciendo lo que hacen estos teólogos críticos se avanza inmediatamente del análisis de géneros y formas literarias a una categoría completamente diferente: la de los juicios de valor histórico. Y en el proceso además se piensa que se puede deducir lo último de lo primero. Sin embargo, aquí también es válido lo siguiente: *abusus non tollit usum* —el abuso no cancela el uso correcto. El valor de las observaciones acerca del género, de la forma y de las figuras literarias no se cancela por especulaciones histórico-críticas que se hacen bajo lo que llaman «crítica formal».

Ejercicios para practicar el paso 5

Utilizando el Salmo 1.1-6	Utilizando Efesios 4.1-6
Examine qué tipo de paralelismo se encuentra en cada uno de los versos.	Lea una vez más lo que escribimos más arriba acerca del género de las cartas y sus formas, cuando hablamos de los diferentes géneros literarios en el Nuevo Testamento. Vea bajo «formas parenéticas» de qué forma literaria se trata en el caso de Ef 4.2-3.

Reconocer los términos y su interconexión en la unidad textual

La interpretación se vuelve profunda cuando examinamos exactamente el significado de los términos bíblicos. Quien no recupera el significado de las palabras bíblicas como si fuera un tesoro y deja sin explicar y, por ende, sin entender las situaciones mencionadas en la Biblia, no va a llegar más allá de opiniones preconcebidas y el uso no explicado de vocabulario bíblico. En ese caso, su entendimiento de las Escrituras va a permanecer igual de superficial como su mensaje.

Para poder reconocer los términos en el texto y cómo están interconectados, el intérprete diligente examinará dentro del marco de un análisis *lingüístico-gramatical* qué términos utiliza el autor bíblico y cómo los conecta. El análisis del significado de palabras y frases se llama «análisis semántico». El término «semántica» proviene del griego y significa «nombrar». Bajo «análisis sintáctico» se entiende el análisis de la estructura de las frases u oraciones. El término «sintaxis» proviene del griego y significa «coordinar».

La meta de este paso es aclarar lo que es incomprensible o tiene varios significados posibles al nivel lingüístico.

Principio básico:

El análisis lingüístico-gramatical
examina el significado de términos individuales
y la estructura gramatical de frases individuales.

Según su naturaleza, la Biblia es la Palabra de Dios. Este hecho resulta en una distinción fundamental: a pesar de su origen sobrenatural (Dios), la Biblia tiene una forma natural de presentarse (Palabra). Dios como el creador invisible y omnipresente queda oculto a la comprensión limitada del ser humano creado por él. Sin embargo, lo que Dios expresa en idiomas humanos se revela y es comprensible para la creación de Dios: el ser humano con su capacidad de comprensión. Por medio de esta distinción, en la teología de la creación entre creador (lat. *creator*) y su creación (lat. *creatura*) se vuelve claro que el ser humano depende de la autorevelación de Dios y la puede entender. Entonces, a partir de la forma que tiene la Palabra de Dios —que ha sido redactada en idioma humano y escrita en escritura humana— no se puede deducir su falibilidad o insuficiencia, sino más bien, la posibilidad de ser interpretada y comprendida por el ser humano. Esta distinción fue central para el reformador Martín Lutero.[62] La Palabra de Dios no se comunica en idiomas angelicales sino en idiomas humanos comunes y corrientes, para que el mensaje divino se vuelva comprensible al ser humano. Por eso también podemos y debemos tratar el material lingüístico divino que nos ha sido revelado de manera completamente normal. En nuestro análisis lingüístico-gramatical tenemos que tomar en cuenta que cada palabra tiene un sentido específico. Sin embargo, uno no se debería imaginar este sentido como un punto sino como un campo semántico, que está constituido por diferentes significados. Cuando una palabra se usa específicamente en un texto, nunca se refiere a todos sus posibles significados al mismo tiempo. Para descubrir en cada caso cuál es el significado correcto, es decir, el que Dios tenía en mente en el lugar donde aparece la palabra, hay que hacer lo siguiente en la interpretación: (1) ponderar los posibles diferentes significados de las palabras en la unidad textual que se está interpretando y, (2) analizar las frases y oraciones respecto a lo que significan en conjunto.

(1) Ponderar las palabras de la unidad textual

Cuanto más una persona cristiana conoce la Biblia, tanto más se ha acostumbrado a este «idioma cristiano» o «lenguaje piadoso». El lector de la Biblia se encuentra constantemente con palabras bíblicas claves como ancianos, amén, apóstoles, resurrección, llamado, pacto, humildad, servicio, ángeles, salvación, evangelio, carne, espíritu, fe, iglesia, misericordia, ley, conciencia, gloria, discípulo, cruz, vida, cuerpo, luz, hijo de hombre, prójimo, sacrificio, profecía, justificación, reino de Dios, mansedumbre, alma, pecado, bautismo, reino de los muertos, fornicación, perdón, poder, sabiduría, mundo o disciplina. Sin embargo, muchas veces se debería preguntar: «¿Entiendes lo que lees?». Una que otra vez hemos hecho un experimento con nuestros alumnos o con los miembros de nuestras iglesias preguntándoles: «¡Todos nosotros seguramente ya hemos utilizado hoy la palabra "bendecir" o "bendición", por ejemplo, a la hora de orar en la mañana o alrededor de la mesa. ¡Por favor, explíqueme de manera concisa y precisa qué significa "bendición" en la Biblia!». Generalmente el resultado de este tipo de encuesta no fue muy alentador. Muchas palabras que los cristianos utilizan con frecuencia, ellos mismos desconocen su significado bíblico exacto.

Lamentablemente las prédicas por lo general no ayudan lo suficiente como para corregir este problema. Una y otra vez se deja sin explicar ciertos términos bíblicos y sin reemplazarlos tampoco por sinónimos que todos entiendan. Esto sucede a pesar de que la tarea del predicador es explicarle a su iglesia las palabras respectivas desde un punto de vista bíblico-teológico y de parafrasearlas traduciéndolas al idioma actual. Sin embargo, el predicador sólo puede hacer esto si él mismo ha analizado las palabras en detalle. La profundidad teológica de la predicación depende en gran medida de si el predicador ha hecho sus tareas en cuanto al análisis del significado de las palabras y, si el predicador ha enfrentado el desafío de traducir el significado del idioma bíblico al idioma del oyente.

Se debe ser muy cuidadoso a la hora de explicar términos bíblicos. Esto es así, porque hay varias dificultades que sobrellevar para poder entenderlos. En primer lugar, los términos que siempre han tenido una gama de significados en sí pueden haber sido utilizados por diferentes autores del Antiguo y Nuevo Testamento y en diferentes tiempos de maneras distintas. En segundo lugar, los traductores de la Biblia a veces han traducido el mismo término bíblico original con diferentes palabras en el idioma al cual tradujeron. Y en tercer lugar nuestro español moderno crea ciertos problemas: ciertos términos (como «pecado») casi no se conocen en el idioma cotidiano, sino que sólo se utilizan en un idioma religioso. O, el español moderno utiliza las mismas palabras, pero con otro significado que la Biblia («carne» = un alimento; «pecar» = comer mucho postre).

Entonces, ¿cómo procede el análisis del significado de las palabras (análisis *semántico)*? Primero hay que determinar qué términos son centrales y por ello tienen que ser explicados. Para eso lea las notas que tomó en el paso uno y dedíqueles tiempo y atención a las «piedras de tropiezo» que marcó. Luego hay dos posibilidades: Por un lado, uno mismo puede hacer un estudio de la palabra (inductivo) o, por el otro lado, se puede consultar el significado en diccionarios respectivos.

Empecemos con la segunda posibilidad: la consulta del significado. Los comentarios (¡ojalá!) nos informan acerca del significado de una palabra determinada dentro del versículo que estamos estudiando. Para conocer el significado de un término de manera más profunda, sin embargo, deberíamos acostumbrarnos a consultar un diccionario o una enciclopedia bíblica, por lo menos en el caso de los términos clave. Estos libros nos informan acerca del campo semántico y de los posibles significados que tiene un término en las distintas partes de la Biblia. Cada intérprete debería poseer por lo menos una obra de referencia de este tipo. Forma parte de las herramientas de un intérprete. En el apéndice encontrará una lista de diccionarios y concordancias temáticas.

La otra posibilidad para hacer un análisis semántico es el estudio inductivo de la palabra. La herramienta principal para esto es una concordancia o un programa de computadora con el que se pueda estudiar términos (p. ej. *Compubiblia, e-sword, Accordance, Bible Works, Logos,* entre los más utilizados). Para el intérprete que se basa en el texto bíblico en español es importante que la concordancia concuerde con la traducción que está utilizando. Entonces, la persona que utiliza Reina-Valera 1960 necesita una concordancia para el texto de la traducción Reina-Valera 1960, la persona que trabaja con Dios Habla Hoy tiene que utilizar una concordancia respectiva. Así el intérprete que trabaja con la versión en español de la Biblia puede averiguar el uso de la palabra respectiva en diferentes partes de la Biblia (muchas veces basta con ingresar el término en la función de búsqueda de alguna traducción al español que existe en forma digital, como se encuentra p. ej. en www.bibliaonline.net). A la hora de hacer esto, sin embargo, el intérprete tiene que ser consciente que no puede decidir con la ayuda de estas concordancias si le corresponde al término en español (que está analizando) siempre el mismo término en el texto bíblico en los idiomas originales, o si a esa palabra en español le corresponden en diferentes contextos, diferentes términos hebreos, arameos y griegos.

Lo importante es detectar el uso de la palabra respectiva en el contexto inmediato donde se encontró la palabra. Puede ser útil determinar cuántas veces se utiliza un término en ciertos libros de la Biblia o por ciertos autores bíblicos (sin embargo, esto sólo se logra con una concordancia completa).

Para especialistas que manejan hebreo y griego y quieren hacer un estudio independiente de la palabra, queremos ofrecer una breve indicación: Primero hay que considerar el aspecto diacrónico, es decir, la historia del término respectivo desde el significado más antiguo (significado que tiene la raíz de la palabra) hasta un punto en el tiempo que se defina. Puede ser que el significado de una palabra en ese tiempo definido no necesariamente corresponda ni con el significado original ni con la suma de los significados precedentes. Por eso, el aspecto sincrónico es igualmente importante. Quiere decir: ¿Qué significados puede tener el término que se está investigando en otras obras del mismo autor o en obras de otros autores en el mismo entorno? Cuando se hayan encontrado respuestas a estas preguntas, se podrá determinar qué significado tiene el término en el caso específico que se está estudiando.

Con esto simplemente queda por decir: las palabras tienen sentido y en su contexto obtienen un significado muy específico. El sentido de la palabra se compone generalmente de varios aspectos del significado, pero no todos ellos son simultáneamente válidos en un caso específico. Por lo tanto, aquí también se aplica la regla de oro para descubrir el significado de una palabra: «¡El contexto manda!». J. van Bruggen resume muy bien cuando dice: «El camino hacia el significado correcto de una palabra en el texto se encuentra evaluando las (im)posibilidades del significado de la palabra y las (im)posibilidades del contexto».[63] Así por ejemplo es útil para la interpretación descubrir que Tito 1.6 emplea una expresión que la RV60 traduce como «hijos creyentes (gr. *pistos*)». La palabra traducida con «creyentes» también puede tener otros significados como «fiel» (véase 1Co 4.2 «Ahora bien, se requiere de los administradores, que cada uno sea hallado fiel [pistos]») o, «digno de confianza» (véase 1Co 7.25b en DHH: «como uno que es digno de confianza [pistos] por la misericordia del Señor») o «digno de confianza/seguro» (véase 1 Ti 3.1 en NTV: «La siguiente declaración es digna de confianza [pistos]»). Luego se debe determinar cuál de las opciones de traducción ha sido la que con mayor probabilidad Pablo tuvo en mente al escribir Tito 1.6.

Por cierto, para el intérprete que depende de la traducción al español y quiere trabajar de la manera más exacta posible también hay formas de averiguar qué término se usa en un pasaje bíblico en particular en el texto griego, arameo o hebreo para que pueda encontrar su significado preciso:

- Puede utilizar por ejemplo la *Biblia de Estudio Palabra Clave*[64], la cual incluye un sistema de codificaciones (subrayados y números alrededor de palabras clave) que brindan informaciones, en ciertos casos, respecto a la estructura gramatical en los idiomas originales (hebreo/arameo/griego) y dónde buscar en el diccionario y en la concordancia adjuntos (tanto para el hebreo/arameo y griego) las informaciones que el intérprete necesita para que sepa de qué palabra deriva el término traducido al español que desea entender más a fondo.

- Si el término buscado no se haya con ayuda de la Biblia de estudio Palabra Clave entonces el intérprete puede utilizar una traducción interlinear (véase en el apéndice). Aquí puede buscar el versículo respectivo y puede marcar el término y su traducción al español. La forma básica de la palabra en griego se deja determinar fácilmente por medio de la *Clave lingüística del Nuevo Testamento griego* (Autor: Fritz Rienecker)[65] y luego se puede consultar un diccionario griego para encontrar el significado exacto.

- Otra posibilidad simple es consultar un comentario académico y buscar allí la explicación acerca del versículo respectivo. Por lo general, allí se va a encontrar también detalles acerca del término que se quiere analizar en base al hebreo, arameo o griego, respectivamente.

- Aún más fácil es utilizar programas de computadora como *Accordance; Bible Works; Logos, etc.)* en los cuales los términos en hebreo, arameo o griego están conectados directamente con diccionarios o bases de datos lingüísticos.[66]

Cuando se trata de analizar un término, el intérprete debe poner todo su empeño en encontrar el sentido original de una palabra bíblica. El fruto de este tipo de trabajo es un entendimiento teológico de la Biblia mucho más profundo. Conduce a prédicas profundas que presentan al oyente un entendimiento de la Palabra de Dios (¡si es que se logra transmitir el significado de la palabra que se ha descubierto en un español actual!). Además, es importante recordar que no es la etimología la que decide el significado de un término sino más bien, hay que diferenciar entre origen y significado de una palabra. El contenido de los términos cambia en el transcurso del tiempo. Por eso hay que contar con la posibilidad de que el término tenga un significado diferente en la Biblia. Aún más importante es que no se introduzca derivados del término en español, es decir, etimologías del término que se usan en la traducción de la Biblia. Más bien, una y otra vez tenemos que preguntarnos: ¿Cómo reconozco el significado de un término bíblico que el autor tenía en mente, si tiene varios posibles significados? Esto nos lleva nuevamente a nuestra regla de oro exegética: «¡El contexto manda!» (paso 4). Los términos bíblicos siempre se usan en un contexto muy específico. A pesar de que casi cada palabra tiene una gama más o menos amplia de significados posibles, nuestro estudio del término tiene que responder a la pregunta: ¿Qué es lo que el autor quiere transmitir con este término aquí, en este contexto muy específico?

> «Los términos bíblicos son como esponjas. Quién haya analizado términos específicos sabrá dónde se tiene que "presionar" la esponja para ver lo qué contiene».[67]

Por eso, formulaciones como «pero el término también puede significar…» no expresan una erudición especial o un estudio cuidadoso, sino justamente lo contrario. Le hacemos caso a la voluntad de Dios si respetamos la situación en la que habló. Por eso tenemos que darle prioridad a la solución que mejor encaje en el contexto. Si un término ya está definido claramente por el contexto, entonces incluso podemos prescindir de un análisis del término.

Ejercicios para practicar el paso el 6.1

Utilizando el Salmo 1.1-6:	Utilizando Efesios 4.1-6:
Descubra a qué se refiere exactamente el término «malos» (v. 1 y otros).	¿A qué se refiere el término «amor» (v. 2) en el Nuevo Testamento y aquí cuando lo utiliza Pablo? (En realidad aquí se debería estudiar minuciosamente el significado de todos los términos que ocurren en v. 4-6.)

Se cumple con la voluntad de Dios cuando valoramos la situación a la cual él se dirigió. Por ello, siempre debemos dar la prioridad a la solución que se adapta de la mejor manera al contexto. Si un término ya está definido de forma clara por el contexto, uno puede incluso obviar hacer un estudio de términos.

Pautas prácticas para el paso 6.1

- Determinar el término que se quiere analizar. Para un análisis detallado hay que considerar términos cuyo significado no es claro, de los cuales depende la comprensión del texto, que son poco frecuentes, que se repiten o que se usan como figuras literarias/ modismos en el texto.
- ¡El contexto manda! Analice el contexto en el cual se encuentra el término. ¿Qué función cumple la oración que contiene el término?
- Determine la gama de posibles significados que puede tener el término. Para hacer esto utilice los diccionarios especializados y averigüe todo lo que el término puede significar.
- Determine cuál es el significado más probable del término que está analizando en el marco del texto que está interpretando. Para lograr esto, excluya los significados que no encajan con el contexto del texto. Trabaje, acercándose al significado, en círculos concéntricos desde el uso en toda la Biblia, al uso en el AT/NT, al uso por el autor. Luego proceda analizando el uso en el libro en el cual se encuentra el texto que esta interpretando, en la sección y finalmente en el versículo específico.
- Compruebe su resultado comparándolo con diccionarios teológicos y sus explicaciones.

(2) Analizar las oraciones de la unidad textual

Asimismo, tenemos que analizar cómo se relacionan entre sí las palabras individuales. Este análisis sólo puede lograrse con una traducción literal que se esfuerza por reflejar la estructura original —a menos que el intérprete tenga a su disposición el texto en hebreo o griego. Sólo si analizamos las oraciones cuidadosamente respecto a la relación entre las palabras individuales del texto, podemos valorar el significado de las palabras de tal manera que alcanzamos el significado que tenían en mente originalmente los autores bíblicos inspirados por el Espíritu Santo. Por esta razón, como parte de la búsqueda del significado de las declaraciones bíblicas, las oraciones deben examinarse en detalle. La gramática provee las reglas y hace posible que se construyan oraciones a partir de palabras. Recién dentro de la oración los diferentes términos con sus gamas de significado se unen como un rompecabezas a un conjunto armónico (análisis *sintáctico*). En este proceso, las palabras introductorias y las conjunciones tienen una importancia especial. Hay que considerarlas con cuidado para poder descubrir cómo se conectan las frases, y, por ende, cómo es el hilo conductor del autor que las escribió.

En el caso de las oraciones o frases individuales, ¿se trata de una relación

- causal (porque…, pues…, puesto que…, en base a la convicción de que…),
- restrictiva (a pesar de que…, aunque…),
- temporal (después de…, cuando…, mientras…, antes de…, luego…),
- de lugar (donde…, desde donde…, a donde…),
- final (para…, para que…, a fin de que…, con el fin de que…),
- de consecuencia (para que…, por ende…),
- descriptiva (como…, mientras…, por medio de…, en la que…),
- condicional (si…, siempre que…, con tal que…, dado que…, ya que…, una vez que…),
- comparativa (como…, así como…, de esta manera…)?

Al mismo tiempo, la identificación y el análisis de estas conjunciones y partículas son requisitos previos para poder llevar a cabo el análisis estructural requerido en el siguiente paso. Aquí es importante que el intérprete reconozca la relación entre las partes individuales de la unidad textual que está interpretando.

Pautas prácticas para el paso 6.2

- ¿Cuál es el núcleo del sujeto (p. ej. el héroe de la historia) y cuál es el objeto (directo) de la oración?
- ¿Qué función cumplen los verbos en la estructura de la oración y en qué modo gramatical están (por ejemplo, modo de realidad [indicativo], modo de potencialidad [subjuntivo], modo de deseo [optativo], modo de mandato [imperativo], etc.)?
- ¿Hay casos de palabras que ocupan un lugar fuera de lo común en la oración, que puedan ser de importancia para la interpretación?
- ¿El autor utiliza términos que son típicos o atípicos para su estilo?
- ¿Hay repeticiones en la unidad textual?
- ¿Cuál es la estructura y cómo se establece? ¿El autor estructura en base a un cambio de tema, de personas, de lugar o de tiempo? O, ¿la estructuración sucede mediante elementos de estilo lingüísticos, como por ejemplo el uso del discurso directo, el cambio en la forma literaria, etc.?
- ¿Qué conjunciones y partículas se usan? ¿Qué conexiones lógicas se establecen mediante estas palabras dentro de la oración/del párrafo?
- ¿Cuál es la oración principal o central de la unidad textual? ¿Qué es lo importante, qué es lo crucial?
- La forma y el contenido son como dos caras de una moneda: se influyen mutuamente. Analizando la relación entre aspectos de contenido y de forma se puede especificar y limitar qué es lo que el texto quiere decir.

Ejercicios para practicar el paso 6.2

Utilizando el Salmo 1.1-6:	**Utilizando Efesios 4.1-6:**
Analice las conjunciones y palabras introductorias y determine así, cuál es la relación a nivel del contenido entre las frases individuales de la unidad textual. ¿Qué es lo que se ha dicho, qué órdenes se han dado, qué posibilidades se han considerado y qué deseos se han expresado?	Analice las conjunciones y palabras introductorias y determine así, cuál es la relación a nivel del contenido entre las frases individuales de la unidad textual. ¿Qué es lo que se ha dicho, qué órdenes se han dado, qué posibilidades se han considerado y qué deseos se han expresado?

Desarrollar el razonamiento (la línea de pensamiento) de la unidad textual

Ya hemos llegado lejos en el trabajo interpretativo del texto bíblico. Echándole un vistazo a la base textual nos hemos asegurado de su solidez, nos hemos preocupado por el trasfondo histórico y el contexto literario de nuestro texto bíblico, hemos analizado el texto estilística y formalmente, y hemos aclarado el significado de los términos. En el siguiente paso, es importante entender exactamente cómo se relacionan los distintos enunciados de las partes que componen el texto.

¿Cómo puede, entonces, el intérprete que depende de una traducción seguir el desarrollo estructural de la línea de pensamiento, del razonamiento de un pasaje bíblico? El intérprete que trabaja con el texto en hebreo o griego fácilmente puede hacer un análisis gramático y sintáctico del texto, que revelará las relaciones entre todas las oraciones y partes de oraciones del texto que está analizando. Pero no sólo el que ha estudiado lingüística, conoce la gramática, domina la morfología (la ciencia de las formas) y la sintaxis (ciencia de la oración o frase) de los idiomas bíblicos puede entender e interpretar las Sagradas Escrituras. Después de todo, los traductores aplicaron toda su aptitud lingüística para proveerle al lector actual las Sagradas Escrituras en un idioma que entiende. Y así también hay un camino para el intérprete que trabaja con una traducción para desarrollar el razonamiento del texto, así como el autor del texto quiso que éste sea entendido, analizando la estructura de la unidad textual paso por paso. Mientras que en el análisis del contexto (paso 5) el énfasis era la relación de la unidad textual con el contexto, el análisis *estructural* se enfoca en cómo esta construida la estructura de la unidad textual misma. El análisis *estructural* intenta traer a la luz la relación entre la forma y el contenido del texto.

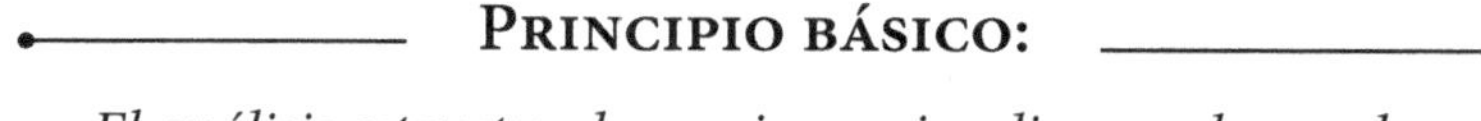

Principio básico:

El análisis estructural examina y visualiza con la ayuda de un diagrama textual (diagrama de flujo) la forma y el contenido de la unidad textual.

Como vimos en el paso 6, las palabras individuales sólo reciben su significado por medio de su integración en la oración. El sentido de la oración, a su vez, sólo puede ser entendido en relación con las oraciones que la preceden y le siguen, adquiriendo su significado por la sección de la cual forma parte. Para poder reconocer el razonamiento del autor y, así, la voluntad de Dios, tenemos que aprender a pensar en las unidades de pensamiento del autor. En el caso de textos en prosa esto sucede por medio de dos cosas: se le da la atención necesaria a la sección coherente más pequeña; y, analizamos su estructura y su flujo de pensamiento. En el caso de textos poéticos el análisis por lo general se enfoca en los versos o las estrofas individuales.

(1) Hacer un diagrama textual (diagrama de flujo)

Primero, con los resultados del paso 6 como base, se visualiza la estructura de la unidad textual mediante un diagrama textual (diagrama de flujo). El que no se base en el texto bíblico en hebreo, arameo o griego, necesitará una traducción que sea lo más literal (concordante) posible, como por ejemplo la Reina Valera 1960 (RV60) para poder hacer un diagrama textual (diagrama de flujo). Luego, tendrá que decidir paso por paso cómo se relacionan los elementos individuales del texto: qué frases están subordinadas a qué otras, y, a qué se refieren los elementos individuales respectivos. Aquí nos ayudan los resultados del análisis de las conjunciones y partículas del paso 6, porque así podremos reconocer y representar las conexiones lógicas. La clave para un proceso exitoso es tomar en cuenta minuciosamente las diferentes conjunciones y analizar su función dentro del desarrollo del razonamiento en la oración. Entonces, ahora es cuando se junta lo que se descubrió hasta este momento en el análisis formal y de contenido (en relación con la forma y con el contenido del texto), para traer a la luz la estructura del texto. Para hacer esto se tiene que relacionar la forma con el contenido. El análisis estructural nos ayuda a concentrarnos en lo esencial de la unidad textual y, a no darle demasiada importancia a elementos secundarios e intereses y tendencias personales.

Pautas prácticas para el paso 7.1

- Al lado izquierdo de la hoja se deja una columna en blanco para apuntar los versículos.
- Los pensamientos principales van más a la izquierda, los pensamientos subordinados [secundarios] van más a la derecha.
- Con corchetes debajo de una frase se pueden marcar ciertas unidades de contenido dentro de una oración (pensamientos subordinados [secundarios] muchas veces no sólo se refieren a una palabra individual sino a una de estas unidades de contenido).
- Con flechas y líneas verticales se marca a qué partes se refieren los pensamientos subordinados.
- Con paréntesis verticales se puede marcar pensamientos paralelos.
- Pensamientos que están al mismo nivel serán puestos sin sangrado uno debajo del otro. Lo mismo se aplica cuando una frase no se puede mover más para la derecha por razones de espacio: entonces se empieza directamente debajo de la línea superior una segunda línea.

Lo que en la teoría suena complicado y difícil, resulta ser bastante fácil en la práctica con tan sólo practicarlo un poco, y el resultado será muy útil. Más que nada, la representación gráfica es una buena ilustración visual de la estructura del texto, que facilita muchísimo el proceso de ordenar el texto de acuerdo con los pensamientos del autor bíblico.

Para mostrar cómo funciona esto vamos a trabajar con Colosenses 1.9-12. Cuando se lee esta oración larga de Pablo se pierde fácilmente la orientación. ¿Cómo se desarrolla el razonamiento? ¿Cómo están relacionados los elementos de pensamiento individuales del texto? El diagrama textual (diagrama de flujo) puede ayudar a responder estas preguntas:

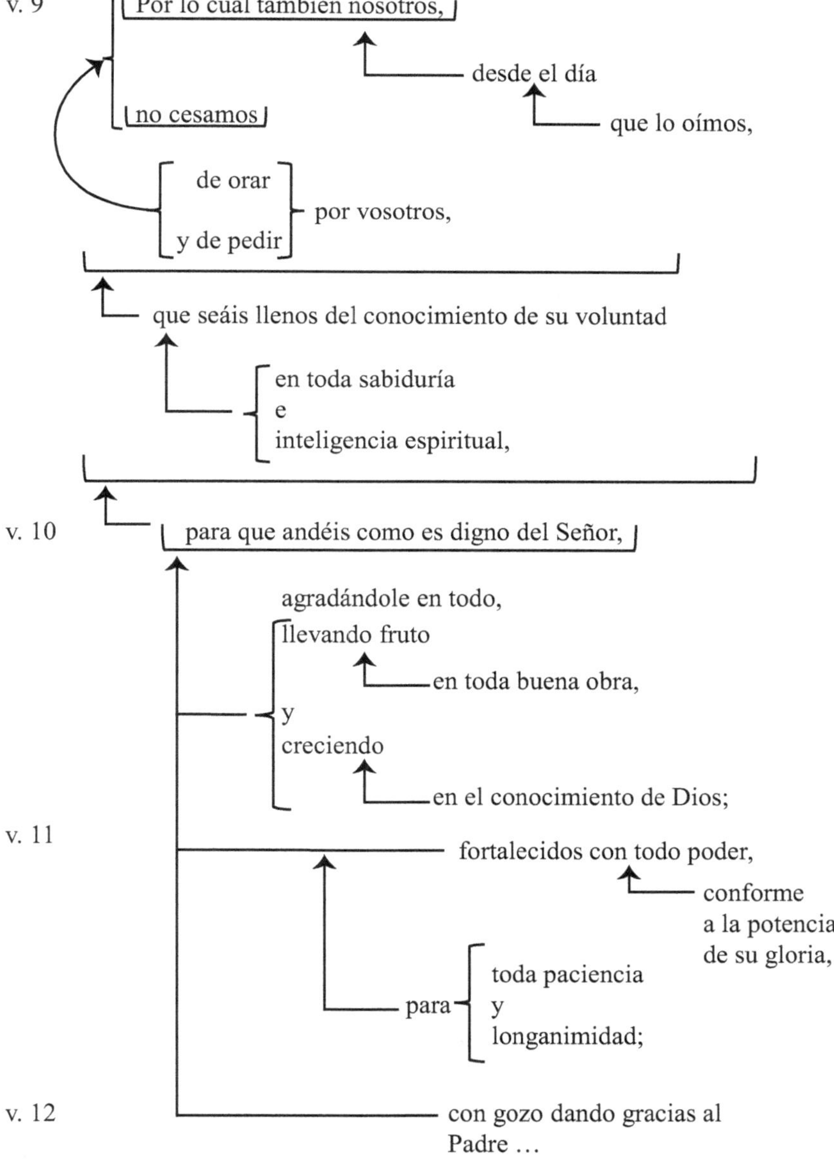

- Como segundo ejemplo tomaremos 1 Tesalonicenses 4.3-7:

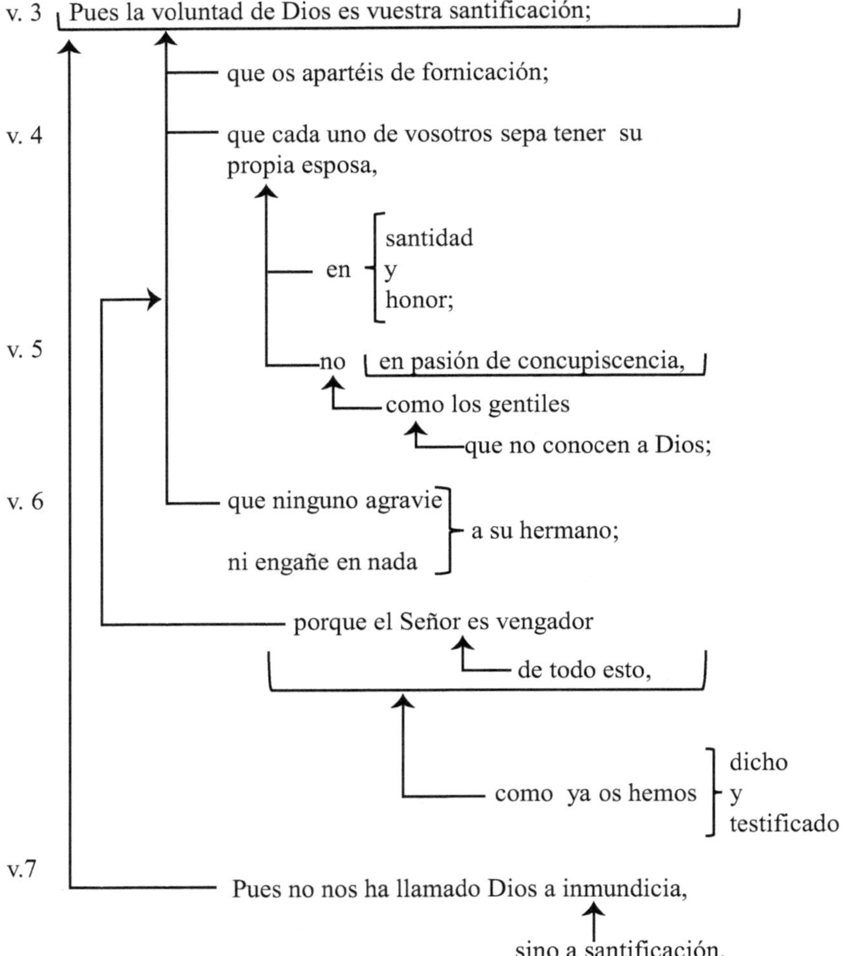

El intérprete que haya hecho un diagrama textual (diagrama de flujo) después de haber pasado por todos los distintos análisis en los pasos anteriores, ahora entiende las conexiones en el texto bajo escrutinio, tanto en su totalidad como en sus detalles. Indudablemente, con este diagrama como base será más fácil desarrollar una prédica, un devocional o un estudio bíblico profundos que si el intérprete al final del trabajo exegético enfrenta un montón de informaciones individuales.

Mientras que el análisis de la historia, del género, de los hechos y de los términos le provee al intérprete un entendimiento teológico profundo a la hora de preparar una prédica o un devocional, el análisis de la estructura le provee una visión clara y ordenada de las relaciones en el texto como un todo. Sin lo último, la persona que transmite el mensaje bíblico corre peligro de quedarse atascado en observaciones individuales, en vez de ayudar a sus oyentes a entender el texto por medio de su desarrollo. Por esta razón también es importante que la estructura textual visualizada con palabras (diagrama de flujo) ahora sea descrita en palabras, dentro de un texto corrido, explicando y argumentando cómo se desarrolla la línea de pensamiento en la unidad textual.

(2) Explicar la estructura de la unidad textual

Si observamos el diagrama textual (diagrama de flujo) de Colosenses 1.9-12, entonces automáticamente notaremos que la unidad textual se divide en tres partes:

MENSAJE CENTRAL (v. 9a): Pablo intercede.
    META DIRECTA (v. 9b):
    Conocimiento de la voluntad de Dios.
        META FINAL (v. 10-12):
        Andar dignamente. Esto tiene tres características:
> Llevando fruto en toda buena obra (v. 10);
> Fortalecidos con el poder de Dios (v. 11);
> Dando gracias al Padre celestial (v. 12).

De esto se puede deducir la siguiente estructura textual. Esta estructura refleja claramente el razonamiento de la unidad textual y al mismo tiempo nos ayuda a tener en cuenta el hilo conductor del texto:

1. Promesa de la intercesión (v. 9a)
2. Razón de la intercesión   (v. 9b)
3. Meta de la intercesión   (v. 10-12)

Si se observa el diagrama textual (diagrama de flujo) de 1 Tesalonicenses 4.3-7, entonces produce la siguiente línea de pensamiento de la unidad textual:

El mensaje principal (v. 3a), que Dios quiere nuestra santificación, se especifica tres veces (v. 3b-6a): en cuanto a la fornicación (v. 3b), al trato de la propia esposa (v. 4-5) y, al adulterio (v. 6a). Habrá que decidir si v. 6b («porque el Señor es vengador de todo [plural] esto») sólo se refiere al v. 6a o, si se refiere a las tres partes en conjunto anteriormente mencionadas (v. 3b-6a). Nosotros asumimos que lo correcto es la segunda opción. El v. 7 lo entendemos como una conclusión y que como tal abarca la justificación del mensaje central de toda la sección.

De esto se puede deducir, ahora, la siguiente estructura textual. Esta estructura refleja claramente el razonamiento de la unidad textual y ayuda al mismo tiempo a tener en cuenta el hilo conductor del texto:

1. Desafío a ser santos   (v. 3a)
2. Especificación de la santidad   (v. 3b-6a)
3. Justificación de la santidad   (v. 6b)
4. Conclusión   (v. 7)

Desarrollando la estructura del texto, el intérprete ha traído a la luz el pensamiento principal del texto, así como el desarrollo de la línea de pensamiento de la unidad textual. Con este conocimiento, ahora se pueden responder las preguntas teológicas pertinentes que quedaron abiertas (paso 8), sin perderse en asuntos secundarios.

Ejercicios para practicar el paso 7

Utilizando el Salmo 1.1-6:	Utilizando Efesios 4.1-6:
Haga un diagrama textual (diagrama de flujo) del Salmo 1. Considere especialmente lo siguiente: ¿Hasta dónde llega la primera sección y dónde empieza la segunda? ¿Cómo encaja el v. 6?	Haga un diagrama textual (diagrama de flujo) de Ef 4.1-6. Considere especialmente lo siguiente: ¿Cómo encajan v. 4-6 estructuralmente? ¿A qué le sigue esta enumeración en cuanto a contenido?
Deduzca la estructura del razonamiento de la unidad de texto del diagrama textual (diagrama de flujo).	Deduzca la estructura del razonamiento de la unidad de texto del diagrama textual (diagrama de flujo).

Responder las preguntas doctrinales de la unidad textual

Hasta ahora, en el proceso de observación del mapa del tesoro de Dios, nos hemos concentrado en el análisis literario (pasos 2 y 4-7) e histórico (paso 3). Esto significa que, habiendo puesto la base necesaria, podemos entrar a la última fase de nuestra exploración. Sin embargo, ya que un texto bíblico no sólo es un documento literario e histórico, sino también la palabra escrita de Dios, tenemos que llegar, como resumen y conclusión, a un resultado teológico respecto a la unidad textual que estamos interpretando (= análisis *bíblico-teológico*). Este resultado, sin embargo, está integrado en el contexto literario e histórico de la unidad textual y, por eso, sólo puede ser alcanzado si se toma en cuenta estos contextos.

La preparación necesaria para este tipo de análisis del contexto bíblico-teológico de la unidad textual que interpretamos no puede ser lograda a corto plazo durante la preparación de un devocional, un estudio bíblico o una prédica. En el transcurso de los años, llegar a comprender toda la Biblia tiene que ir aumentando mediante el estudio diligente de las Sagradas Escrituras. Cuanto mejor sea la visión global del intérprete respecto a la revelación bíblica, tanto más fácil se le hará determinar el lugar que tiene la unidad textual que está interpretando y el significado que Dios le dio dentro del contexto bíblico-teológico general.

—————————— **Principio básico:** ——————————

*El análisis bíblico-teológico examina el contenido doctrinal
de la unidad textual que se está interpretando,
la cual es la palabra del Dios viviente en forma escrita.*

Ya se han podido solucionar muchos de los aspectos problemáticos de la unidad textual por medio del análisis del contexto literario e histórico. Ahora se trata de sacar del camino las piedras de tropiezo que aún quedan. Para poder responder a las preguntas teológicas que todavía no han sido resueltas, procederemos en dos pasos:

- Primero examinamos la pregunta respectiva en el contexto bíblico-teológico (1) y
- luego, vemos en qué casillero sistemático-teológico encaja la pregunta (2).

(1) La observación bíblico-teológica

Siempre cuando queremos deshacernos de algún tipo de piedra de tropiezo en la unidad textual, lo más natural es utilizar la Biblia misma para solucionar el problema. De esta manera, nos ceñimos al principio de la Reforma que afirma que las Sagradas Escrituras, dado que forman una unidad cuyo autor es Dios, se interpretan a sí mismas. Las Escrituras deben ser interpretadas por medio de las Escrituras. Por eso tratamos de responder primero las siguientes preguntas:

- ¿Qué dice el escritor bíblico acerca del problema teológico en el contexto inmediato de la unidad textual que se está interpretando?
- ¿Qué dice el escritor bíblico en el contexto del libro en el cual está la unidad textual que se está interpretando?
- ¿Qué dice el escritor bíblico en otros libros de la Biblia que él redactó, guiado por el Espíritu Santo, respecto a este problema teológico específico?
- ¿Qué dicen los demás autores inspirados por el Espíritu Santo respecto al problema teológico según el contexto más amplio de la parte de la Biblia en la que se encuentra el libro (AT o NT respectivamente)?
- ¿Cuál es el veredicto de Dios en todas las Escrituras acerca del problema teológico?

Confiando en la verdad de la Palabra de Dios y orando por la comprensión correcta de las Escrituras, empezamos a solucionar problemas teológicos. Por ejemplo, si hay diferencias entre dos textos bíblicos parecidos hay que preguntar primero, si realmente el tema es el mismo. Lutero, por ejemplo, veía una contradicción radical entre Santiago 2.24 y Romanos 3.8 respecto a la relación entre las obras y la justificación por fe. Sin embargo, hoy en día la observación detallada del contexto nos muestra que Santiago y Pablo no se estaban contradiciendo sino complementando. Pablo dice que uno no es justificado por las obras sino por la fe. Santiago aclara que una fe que justifica no queda sin fruto y que la fe verdadera puede ser reconocida por sus frutos. De esta manera, lo que dice uno de ellos (Pablo) conduce a la cruz, mientras que lo que dice el otro (Santiago) proviene de la cruz.

Además, sucede una y otra vez que los problemas resultan de una transcripción errónea del texto. Este tema fue tratado en detalle en el paso 2 («Determinar la base textual»).

A veces también hay tensiones entre la Biblia y la ciencia. La causa de esto puede ser una interpretación equivocada de la Biblia. Por otro lado, también tenemos que cuestionarnos si muchos de los «resultados de la ciencia», que contradicen la Biblia, son siempre correctos y definitivos en cuanto a comprensión científica. Muchas veces son teorías, en parte hipótesis basadas en cierta manera de ver el mundo, que no tienen por qué tener la palabra final. La Biblia ya ha sobrevivido muchos puntos de vista históricos, arqueológicos y de las ciencias naturales que la contradecían y hasta ahora ha demostrado ser confiable en lo que dice. A comienzos del siglo 20 algunos de los científicos del Antiguo Testamento todavía pensaban que los cinco libros de Moisés[68] no podían ser de Moisés, ya que se afirmaba que en esa época supuestamente nadie sabía escribir. Entre tanto, se ha descubierto que en el Antiguo Oriente ya se escribía incluso miles de años antes de Moisés. Mientras que Rudolf Bultmann todavía pensaba en la década de 1940 que, en base a las ciencias naturales, los milagros debían ser declarados imposibles, la física más moderna de su tiempo ya le habría podido probar que las competencias de las ciencias naturales no alcanzan para poder afirmar algo así.

Donde surgen tensiones se debería buscar una solución buena desde el punto de vista exegético y lógico que le haga justicia a los hechos. Una armonización a la fuerza, sin embargo, sería igualmente problemática como el intento de un razonamiento que se siente superior a Dios y piensa poder acusar a la Biblia de tener errores. Por eso es posible que no se pueda encontrar una solución a un problema determinado y que se tenga que dejarlo abierto. ¡Quizás otros ya tienen una solución! Y de todas maneras el que sí tiene una respuesta es Dios. Similarmente puede suceder cuando surgen problemas teológicos mayores. Como cuando el intérprete lee en Romanos 9.10-18 acerca de la predestinación, que es tan complicada. Por cientos de años la iglesia de Cristo ha luchado con este importante punto doctrinal. Y efectivamente, existen respuestas. Pero puede ser que el intérprete no encuentre soluciones en el primer intento. Claro, no se debería ignorar rápidamente este tipo de pasajes, sino que se debe comparar con diferentes partes de las Escrituras, y consultar comentarios y libros especializados buscando las posibles soluciones que otros encontraron. Pero puede ser que uno mismo no llegue a ninguna conclusión. En todo caso, hay que considerar la posibilidad de no hacer un devocional, un estudio bíblico o una prédica acerca del texto respectivo si el análisis bíblico-teológico no lleva a una solución.

(2) La observación sistemático-teológica

Cuando se intenta ver un mensaje bíblico en su contexto bíblico-teológico, muchas veces esto lleva a razonamientos sistemático-teológicos. La teología sistemática tiene como tarea considerar la enseñanza bíblica de manera ordenada.

Justamente en el caso de enseñanzas difíciles puede ser útil consultar un libro sobre teología sistemática, una obra sobre dogmática (doctrina), ética (práctica de la fe) o historia de la doctrina y, de este modo, ver lo que otros ya han pensado acerca del asunto. Una buena fundación en dogmática y ética bíblica le da seguridad a la exégesis y le da el horizonte bíblico amplio a la predicación que esta necesita.

Lo que también ayuda muchas veces es reconocer razonamientos teológicos (y razonamientos teológicos erróneos), puesto que esto agudiza nuestra vista para el texto en el que estamos trabajando. ¿Qué dice ahí? ¿A qué se refiere en el contexto bíblico?

Para poder tener una perspectiva dirigida hacia el futuro en este momento del proceso, le hacemos caso a Martyn Lloyd-Jones, que toda su vida tuvo como meta una predicación interpretativa, con una teología sistemática como fundación:

> Yo lo expresaría de la siguiente forma: el predicador debe haber comprendido —y haberlo comprendido bien— todo el mensaje bíblico, el cual es, desde luego, una unidad. En otras palabras, el predicador debe estar bien instruido en teología bíblica, la cual, a su vez, conduce a la teología sistemática. Para mí no hay nada más importante en un predicador que tener una teología sistemática, conocerla y estar bien fundamentado en ella. Esta teología sistemática, este conjunto de verdad que se deriva de las Escrituras, debiera estar siempre presente en el trasfondo y como algo que influye en su predicación y la gobierna. Cada mensaje que surge de un texto en particular o de una declaración de la Escritura ha de ser siempre una parte o un aspecto de este conjunto total de la Verdad.[69]

Sin embargo, Lloyd-Jones también ve el peligro de este énfasis y en el mismo discurso va en contra de un posible abuso:

> La tendencia de algunos hombres que tienen una teología sistemática a la que se aferran muy rígidamente es imponer esta de forma equivocada sobre textos concretos y de esa manera hacer violencia a esos textos. [...] La doctrina puede ser verdadera, pero no surge de ese texto concreto; y debemos ceñirnos siempre al texto.[70]

Entonces, pregúntese usted mismo: ¿Qué temas o problemas centrales de la teología sistemática se esconden en la unidad textual y tienen que ser abordados mediante una interpretación según el texto y las Escrituras? Como ayuda, para poder entender mejor los contextos teológico-sistemáticos, proveemos algunas indicaciones de posibles libros útiles en el apéndice.

Es obvio que estas perspectivas bíblico-teológicas y sistemático-teológicas no pueden ser desarrolladas en una sola preparación de un devocional, estudio bíblico o prédica. Más bien, hay que desarrollarlas a través de años de trabajo con las Sagradas Escrituras. Siempre cuando aparecen cuestiones teológicas en una unidad textual, que necesitan ser aclaradas, el intérprete debe trabajar con mucho cuidado. Es entonces que la palabra bíblica se nos presenta como un libro abierto en cuanto a su contexto, sus detalles y su razonamiento. Por eso, hágale caso al consejo de Klaus Haacker que indica claramente que es aquí donde está la tarea principal:

> reflexionar continuamente sobre la creciente comprensión de la Biblia y su investigación y trabajar hacia una integración de los conocimientos individuales para formar un cuadro completo. Los conocimientos más importantes en esta área son los que no se encuentran en un diccionario. Más bien, se nos ocurren cuando ordenamos y meditamos una y otra vez una determinada «masa crítica» de conocimientos individuales bajo la pregunta por el mensaje de la Biblia. Este es un trabajo mental en el cual el teólogo nunca debe dejar de estar preparado para nuevos descubrimientos.[71]

Pautas prácticas para el paso 8

- Defina los problemas teológicos que todavía tienen que ser abordados en la interpretación y, formule la problemática en una pregunta precisa y concisa.
- ¿Qué conocimientos aporta la observación bíblico-teológica a la solución del problema?
- ¿Qué conocimientos aporta la observación sistemático-teológica a la solución del problema?
- ¿Qué mensajes teológicos acerca de la doctrina y de la vida contiene la unidad textual? (Aquí todavía no se trata de la aplicación para la propia vida, que recién sucede en el paso 10).

Ejercicios para practicar el paso 8

Utilizando el Salmo 1.1-6:	Utilizando Efesios 4.1-6:
¿Qué enunciados teológicos contiene esta unidad textual respecto a la doctrina bíblica?	¿Qué enunciados teológicos contiene esta unidad textual respecto a la doctrina bíblica?
¿Qué enunciados contiene esta unidad textual respecto a una vida que refleja las Sagradas Escrituras?	¿Qué enunciados contiene esta unidad textual respecto a una vida que refleja las Sagradas Escrituras?

Perspectiva:

Decir hacia dónde va el camino

Extraer el «tesoro»
Las «piedras de tropiezo» se convierten en elementos de construcción

> *«Muchas personas han intentado escribir un relato*
> *de los hechos que se han cumplido entre nosotros.*
> *Se valieron de los informes que circulan entre nosotros*
> *dados por testigos oculares, los primeros discípulos.*
> *Después de investigar todo con esmero desde el principio,*
> *yo también decidí* **escribir un relato cuidadoso para ti,**
> *muy honorable Teófilo,* **para que puedas estar seguro**
> **de la veracidad de todo lo que te han enseñado»**
> — Lucas 1.1-4 (NTV)

En la primera fase del proceso de interpretación hemos adquirido una vista muy general y en la segunda fase hemos adquirido una vista más profunda del texto, que nos permite entender mejor su intención. Ahora, la tercera fase, esto es, la perspectiva hacia adelante consiste en resumir los resultados y en construir un fundamento para la aplicación correcta. Aquí describimos el uso práctico y específico de nuestra investigación y presentamos nuestros resultados para que otros los puedan utilizar y aprovechar. Primero, simplemente leímos lo que dice ahí y así conocimos el «plan del tesoro» de la unidad textual (paso 1). Luego, descubrimos de lo que realmente se trata buscando con más intensidad el «tesoro» en nuestra unidad textual (pasos 2-8). Ahora queremos extraer también los «tesoros» que hemos descubierto. Por eso, ahora vamos a integrar como elementos de construcción las piedras de tropiezo marcadas y sacadas del camino hasta ahora. Así, hablando figuradamente, no sólo podemos extraer el tesoro sino también lo podemos asegurar (paso 9) y podemos reconocer su valor actual (paso 10).

PRINCIPIO BÁSICO:

Formular el tema y el bosquejo del texto, que nos permite reconocer el mensaje principal de la unidad textual que se está interpretando y provee una vista general precisa del desarrollo de su razonamiento.

Resumir de manera precisa el mensaje de la unidad textual

El trabajo exegético en sí ha concluido. Lo que ahora es importante para el intérprete es que se cuide para que no se ahogue en los detalles y la gran cantidad de resultados. Por el bien de su futura audiencia tiene que mantener claridad y perspectiva. Por ello, a través a una simple síntesis se debe juntar y concentrar los trabajos individuales de los pasos 2-8 en una sola meta. Con esto se concluye, en principio y de manera clara, el trabajo empezado en el paso 1. Aquí se trata principalmente de que convirtamos nuestros pensamientos previos acerca del mensaje principal y del desarrollo del hilo conductor del texto, en un resultado final concentrado, justificado exegéticamente y, así, comprensible. En principio este paso ya no es productivo sino reproductivo, porque sólo estamos resumiendo lo que ya hemos desarrollado y en una forma más clara. Con esto creamos al mismo tiempo el prerrequisito para poder comunicar el mensaje del texto de manera simple y concisa — por ejemplo, en forma de un devocional o una prédica.[72] Por eso se recomienda hacer una breve síntesis que contenga los siguientes dos elementos:

- formular el tema del texto (1) y,
- formular el bosquejo del texto (2).

(1) Formular el tema del texto

¿Qué respondería usted si al final de su trabajo exegético alguien le pide lo siguiente: «¡Resuma por favor el mensaje de su texto en una oración!»? Nos podríamos imaginar que primero uno estaría tentado a parafrasear el texto en una repetición más o menos larga. Tanto los pensamientos principales como los pensamientos subordinados simplemente estarían al mismo nivel. Faltaría la precisión y la brevedad concisa. Los detalles tendrían todavía demasiada preeminencia. Uno todavía no habría llegado a la claridad que permite definir el mensaje del texto en una oración. Sin embargo, si se hubiera formulado el tema del texto, la tarea sería simple.

Claro que también existe una argumentación contraria. Horst Hirschler, por ejemplo, está convencido que «el resumen de un texto bajo un solo punto de vista no tiene mucho sentido. Mayormente el texto es mucho más complejo...».[73] Para hacerle justicia a la variedad en el contenido de los textos bíblicos él sugiere, más bien, formular una paráfrasis del mensaje del texto como resultado de la exégesis. Naturalmente este tipo de reproducción interpretativa del texto hecha correctamente y en palabras propias puede ser útil para la claridad de los pensamientos. Pero a pesar de esto, nosotros pensamos que este tipo de paráfrasis ya tiene que estar guiada por la siguiente pregunta: ¿Qué es lo central que quiso expresar el autor con los detalles del texto? Con ello la paráfrasis del texto también es determinada por el tema central del texto y debe ser formulada teniéndolo en mente. Pero Hirschler justamente no quiere eso. Sus conceptos de exégesis y paráfrasis del texto contienen desde el comienzo un elemento muy subjetivo. Para él, el principio rector para entender el texto no es reconocer el significado del texto que el autor tuvo en mente, sino la fusión de la experiencia del texto con la del intérprete. Y de este modo, para él tampoco no puede existir una intención normativa del texto que se podría formular como un tema central. Más bien, la «paráfrasis textual orientada por la experiencia» propia de cada exégeta resulta en énfasis y significados que son diferentes con cada intérprete. En ella también pueden hallarse lado a lado pensamientos muy distintos unos de otros que le son importantes al intérprete. Y desde el punto de vista homilético (es decir, con respecto a la predicación) existe entonces el peligro de que —a pesar del programa de Hirschler de querer «predicar bíblicamente»— la predicación a) tome del texto solamente todo tipo de impulsos para la reflexión y experiencias; b) los trate seleccionándolos y enfatizándolos de manera subjetiva, pero; c) que no proclame realmente el mensaje central del texto explicándolo a lo largo del texto mismo.

De acuerdo con nuestro método de interpretar la Biblia según las Escrituras y el texto, el tema que el autor bíblico tenía en mente se presenta de tal manera que el mensaje se resume en una oración corta, precisa y gramaticalmente completa. Y, así, podemos justificar en cualquier momento en qué consiste el propósito de la unidad textual que Dios tuvo en mente originalmente:

- El mensaje del texto se formula en una oración *corta*. Esto significa que en el caso del tema del texto no se trata de un resumen largo de los detalles, sino de una reproducción corta, condensada del contenido principal del texto.
- El mensaje del texto se formula en una oración *precisa*. Esto significa que el tema del texto intenta definir lo más exactamente posible el tema que es desarrollado en el texto completo.
- El mensaje del texto se formula en una oración *gramaticalmente completa*. Esto significa que palabras clave y titulares no son suficientes para formular el tema, porque simplemente son demasiado ambiguas y muy poco claras. Con una oración completa que tiene sujeto y predicado uno se compromete con un contenido específico. Y esta exactitud y claridad son absolutamente esenciales para el tema del texto.

Cuando formulamos el tema del texto, lo hacemos en tres pasos. Primero definimos el *objeto del texto* en sí, luego el *mensaje del texto* y juntando ambas cosas finalmente y en conclusión formulamos el *tema del texto*:

- Primero preguntamos: «¿De qué trata principalmente el texto?» o, mejor dicho, «¿Qué objeto aborda exactamente el autor en estos versículos?» Después del trabajo hecho en el paso 1, estas preguntas nos ayudan a determinar el *objeto del texto*. La respuesta no debe ser tan general que también se ajuste a la sección (perícopa) anterior y la sección (perícopa) que sigue, pero tampoco puede resultar tan limitada que no resuma todos los mensajes de la sección que se está estudiando.

Consideremos por ejemplo el pasaje en Santiago 1.5-8 (NTV)

> Si necesitan sabiduría, pídansela a nuestro generoso Dios,
> y él se la dará; no los reprenderá por pedirla. Cuando se
> la pidan, asegúrense de que su fe sea solamente en Dios,
> y no duden, porque una persona que duda tiene la lealtad
> dividida y es tan inestable como una ola del mar que el
> viento arrastra y empuja de un lado a otro. Esas personas
> no deberían esperar nada del Señor; su lealtad está dividida
> entre Dios y el mundo, y son inestables en todo lo que
> hacen.

Cuando intenta definir el objeto de este pasaje, H.W. Robinson[74] primero nota que el texto trata de sabiduría. Sin embargo, haber reconocido esto todavía es demasiado ambiguo. «Cómo se consigue sabiduría» ya es una descripción más exacta del objeto del texto. Si miramos el contexto (v. 2-4) nos damos cuenta, que aquí se trata de indicaciones para tiempos de prueba. Por eso, el objeto del texto, que le hace justicia a todas las partes del texto, es que en Santiago 1.5-8 se trata de: «Adquirir sabiduría en medio de las pruebas».

- Ahora seguimos preguntando: «¿Qué se dice en el texto acerca del objeto central?» Con esta pregunta llegamos a definir el *enunciado del texto*. Para responderla es útil tener presente claramente la estructura del texto, tal como fue desarrollada en el paso 7. Así se pueden ver claramente las declaraciones principales que son hechas en cuanto al objeto principal del texto. En Santiago 1.5-8 Robinson[75] sólo ve un enunciado principal respecto al objetivo principal del texto. A la pregunta guía: «¿Cómo se consigue sabiduría en medio de las pruebas?» él encuentra sólo una respuesta en el texto: «Debemos pedirle sabiduría a Dios con fe y sin dudar». Ese es el enunciado del texto.
- De las dos respuestas parciales (acerca del objeto y del enunciado del texto) ahora fácilmente se deja formular el *tema del texto*. Para Santiago 1.5-8 podría ser el siguiente: «*Sabiduría en medio de pruebas* se consigue cuando uno la pide a Dios con fe y sin dudar».[76] De eso se trata entonces Santiago 1.5-8.

Usemos dos ejemplos más que demuestran cómo se formula un tema del texto. En este proceso volvemos a utilizar los textos Colosenses 1.9-

12 y 1 Tesalonicenses 4.3-7 que ya hemos utilizado en el paso 7 como base para nuestros diagramas textuales.

Colosenses 1.9-12 trata principalmente de la intercesión del apóstol por un incremento en el discernimiento provisto por el Espíritu Santo a favor de sus oyentes. Este discernimiento debe hacer posible un estilo de vida que da fruto, que es firme y agradecido. El tema del texto para Colosenses 1.9-12 por eso es: «*La intercesión apostólica por un incremento en el discernimiento provisto por el Espíritu Santo* tiene como meta un estilo de vida que da fruto, que es firme y agradecido».

1 Tesalonicenses 4.3-7 se enfoca en la santificación del cristiano en su vida íntima según su llamado. Esto se manifiesta en un comportamiento casto/puro dentro y fuera del matrimonio. El tema del texto para 1 Tesalonicenses 4.3-7 por eso es: «*La santificación del cristiano según su llamado* se demuestra en su comportamiento casto dentro y fuera del matrimonio».

Si uno es capaz de reproducir el contenido exegético de un texto en una oración tan concisa, precisa y completa, entonces se ha creado una base que ayuda a asegurar que en una prédica u otras formas de proclamación bíblica no se pierda de vista la intención principal del texto.

Pautas prácticas para el paso 9.1

- **Defina primero el objeto en sí del texto**
  (= ¿De qué trata el texto principalmente?)
- **Luego defina el enunciado en sí del texto**
  (= ¿Qué se dice en la unidad textual acerca de ese objeto central?)
- **¡Junte el objeto y el enunciado del texto en una oración concisa, precisa y gramaticalmente completa!** (= tema del texto)
- **Note:** La formulación del tema del texto sólo describe el contenido de la unidad textual y todavía no indica nada con respecto a una posible aplicación en la actualidad.

Ejercicios para practicar el paso 9.1

Utilizando el Salmo 1.1-6:	Utilizando Efesios 4.1-6:
Formule el tema del texto para el Sal 1: a) ¿Qué es lo central en este salmo? (¿Qué objeto se trata de manera consistente en el texto?) b) ¿Qué se dice en este salmo acerca del objeto central?	Formule el tema del texto para Ef 4.1-6: a) ¿Qué es lo central en esta sección? (¿Qué objeto se trata de manera consistente en el texto?) b) ¿Qué se dice en esta sección acerca del objeto central?

(2) Redactar el bosquejo del texto

Un bosquejo del texto facilita mucho la visión general respecto al desarrollo del pensamiento y la estructura de la unidad textual. En principio, describe de manera lógica y estructurada el contenido y la estructura de la unidad textual. Todavía no dice nada acerca de una posible aplicación. Abarca todo el texto, resumiendo las unidades de contenido principales (de un nivel superior) y secundarias/subordinadas en frases concisas y reproduciéndolas en su secuencia natural, estructuradas de manera clara. En principio, el bosquejo del texto sólo es una reestructuración sistemática del paso 7 (análisis estructural) en una forma más significativa. Para este proceso hay dos sistemas de bosquejo eficaces de los que podemos elegir:

- El *sistema alfanumérico*. En el caso de este sistema se puede expresar el rango de los pensamientos (pensamientos principales/pensamientos de un nivel superior y secundarios/subordinados) en el texto con números romanos y árabes, así como letras mayúsculas y minúsculas que alternan entre números y letras. Ejemplo:

  I. (punto de orden superior/principal)
     A. (punto subordinado/secundario)
     B. (punto subordinado/secundario)
        1. (otros puntos de subdivisión)
        2. (otros puntos de subdivisión)
           a) …
           b) etc.

- El *sistema de bosquejo decimal*. En el caso de este sistema se divide en varios niveles con números árabes. Por ejemplo:
  1. (1er nivel)
     1.1 (2do nivel)
     1.2
         1.2.1   (3er nivel)
         1.2.2   etc.

Tomemos dos ejemplos de bosquejo en base a textos bíblicos. Una vez más, utilizaremos los ejemplos de Colosenses 1 y 1 Tesalonicenses 4 como lo hicimos para el diagrama textual/diagrama de flujo (paso 7) y para el tema del texto (paso 9).

Una diagramación de Colosenses 1.9-12 utilizando el sistema alfanumérico se podría ver así:

I. Pablo ora para que los colosenses sean llenos del conocimiento de la voluntad de Dios (v. 9).
   A. Pablo ora regularmente por ellos, desde que escuchó de su fe (v. 9a).
   B. Pablo ora para que reconozcan la voluntad de Dios, lo cual es posible por la sabiduría y el discernimiento que da el Espíritu (v. 9b).
II. Pablo ora para que el conocimiento produzca un andar digno que agrade a Dios (vv. 10-12).
   A. Pablo nombra la preocupación básica de un andar que es digno y agrada a Dios (v. 10a).
   B. Pablo nombra las características de un andar digno que agrada a Dios (vv. 10b-12).
      1. Un andar digno que agrada a Dios se caracteriza por sus frutos espirituales (v. 10b-c).
         a) De lo que se trata es dar fruto y crecer en cada buena obra (v. 10b).
         b). Llevar estos frutos espirituales es resultado del conocimiento de Dios (v. 10c).
      2. Un andar digno que agrada a Dios se caracteriza por la perseverancia espiritual (v. 11).
         a) Dios fortalece a los suyos con su glorioso poder (v. 11a).

> b) Este fortalecimiento tiene como propósito ayudar a
>   los cristianos a ser perseverantes (v. 11b).
>
> 3. Un andar digno que agrada a Dios se caracteriza por una
>   actitud de agradecimiento (v. 12).
>
>   a) De lo que se trata es ser felizmente agradecido para
>   con Dios, el Padre (v. 12a).
>
>   b) La razón del agradecimiento es que Dios les ha dado
>   una herencia celestial a los suyos (v. 12b).

Claro que el bosquejo del texto no siempre tiene que consistir en una división tan detallada en puntos subordinados como lo hemos hecho en este ejemplo.

Como segundo ejemplo vamos a bosquejar 1 Tesalonicenses 4.3-7 según el sistema decimal:

1. La santificación se proclama como voluntad de Dios para los creyentes (v. 3a).

2. La santificación que Dios desea se especifica en base a la conducta según la ética sexual (v. 3b-6).

    2.1 Santificación significa pureza fuera y dentro del matrimonio (v. 3b-6a).

        2.1.1 Santificación significa apartarse de la inmoralidad sexual (v. 3b).

        2.1.2 Santificación significa llevar una vida íntima que es pura y provechosa con su esposa (v. 4 y 5).

        2.1.3 Santificación significa no vulnerar el matrimonio del prójimo (v. 6a).

    2.2 Dios juzga la impureza en la vida sexual (v. 6b).

3. La santificación corresponde a la intención del llamado de Dios para nosotros —a diferencia de la impureza (v. 7).

La persona que ha bosquejado de manera lógica y precisa un pasaje bíblico que fue analizado exegéticamente, no va a tener dificultades para hablar fluidamente y de manera clara respecto a la unidad textual, ya sea en el devocional para los colaboradores, en una célula o desde el púlpito. Ni va a limitarse a sus pensamientos favoritos del texto, ni tampoco va a proveer comentarios desconectados entre sí acerca de las palabras individuales. Más bien, puede presentar las relaciones en el texto e integrar los enunciados individuales en ellas. El bosquejo del texto lo lleva a la meta como una guía clara y fiable.

Pautas prácticas para el paso 9.2

- **¡Estructure el texto continuamente de acuerdo con su orden natural!** Eso significa: No dejar de lado ciertos versículos, no reorganizar el texto, no agrupar determinados versículos temáticamente.

- **¡Distinga claramente entre pensamientos principales y secundarios/subordinados en el texto y ponga estas relaciones por escrito en un bosquejo!** Esto significa: utilizar las posibilidades de poder agrupar según el texto pensamientos principales y subordinados en base al sistema de bosquejo, evitar una simple lista de enunciados que resultan del texto a un mismo nivel, evitar enfatizar arbitrariamente lo que «justo me parece importante a mí».

- **¡Agrupe los puntos subordinados hacia la derecha, para que la subordinación sea visible!**

- **En lo posible formule cada punto del bosquejo en oraciones completas y lo más breves posibles.** Esto promueve la claridad y refuerza la expresión del bosquejo.

- **¡No se olvide de indicar entre paréntesis el versículo al que se refiere cada punto en el bosquejo!** Así la estructura y las asignaciones serán más claras.

- **Los puntos principales (a un nivel superior) siempre tienen que incluir todos los versículos, a los que se refieren los puntos subordinados.** Esto significa: No es posible, por ejemplo, bosquejar de la siguiente manera:
  Punto principal (v. 1)
  Punto subordinado (v. 2)
  Punto subordinado (v. 3)

- **En todo caso tendría que verse así:**
  Punto principal (v. 1-3)
  Punto subordinado (v. 1)
  Punto subordinado (v. 2)
  Punto subordinado (v. 3)

- **¡Uno tiene que terminar lo que ha empezado!** Tome en cuenta que nunca puede haber un solo punto subordinado, sino siempre tienen que haber por lo menos dos —sino el punto subordinado y el punto principal serán idénticos. (Si sólo se formula un punto principal, entonces este sería necesariamente idéntico al tema del texto.)
- **Juntos los puntos subordinados tienen que abarcar todos los versículos a los que se refiere el punto principal en el nivel superior.** Eso significa: Si el punto principal, por ejemplo, se refiere a los versículos 1-4, entonces los puntos subordinados no sólo pueden tratar los versículos 3 y 4.

Ejercicios para practicar el paso 9.2

Utilizando el Salmo 1.1-6:	Utilizando Efesios 4.1-6:
Tomando en cuenta las reglas anteriormente mencionadas y el diagrama textual (diagrama de flujo) hecho por usted, prepare un bosquejo del texto del Salmo 1 de acuerdo con el sistema alfanumérico.	Tomando en cuenta las reglas anteriormente mencionadas y el diagrama textual (diagrama de flujo) hecho por usted, prepare un bosquejo de Efesios 4.1-6 de acuerdo con el sistema de bosquejo decimal.

Encarar el significado de la unidad textual para la actualidad

La Biblia es el resultado de un largo proceso en la historia de la revelación. En ella Dios ha intervenido hablando y actuando en la historia y ha revelado su voluntad, sus planes y su salvación. La historia de la salvación que nos ha sido revelada de esta manera no es ni una monotonía teológica ni un sistema sin historia, sino una revelación continua de Dios, que desde la creación hasta el comienzo del fin está intrínsecamente entrelazada con la historia. Está formada por el actuar de Dios y por el establecimiento de su voluntad. Hay líneas continuas que proveen un desarrollo continuo en la historia de la salvación (continuidad). Pero también hay inserciones que interrumpen (discontinuidad) cuando Dios concluye ciertos procesos y empieza nuevos. Esto se tiene que tomar en cuenta cuando se piensa en la aplicación. Una aplicación según las Escrituras y el texto, es decir, de acuerdo con la voluntad de Dios y el mensaje del texto que Dios mismo tuvo en mente, sólo es posible cuando se observa y contextualiza la unidad textual desde el punto de vista de la historia de la salvación.[77]

Para poder captar el significado de la unidad textual, explicaremos mediante el análisis *orientado a la aplicación*, para quién es válido en sí lo que se dice en la unidad textual y a qué situaciones actuales es aplicable. Es aquí en dónde se va a determinar de manera final y completa el significado de la unidad textual, porque se responde la siguiente pregunta: ¿Por qué y para qué fue escrita realmente la unidad textual que se está analizando y qué significado tiene para nosotros en la actualidad?

*El análisis orientado a la aplicación (pragmático)
tiene como meta posibilitar la aplicación
de la Palabra de Dios según las Escrituras y el texto y,
hacerlo en base a un entendimiento de la Biblia
desde el punto de vista de la historia de la salvación
respecto al pasado, presente y futuro.*

El análisis pragmático lleva al intérprete a saber cómo debe reaccionar frente a la unidad textual que está investigando. El análisis pragmático responde por ello a la siguiente pregunta que guía este proceso:

¿Qué se dijo, cuándo, a quién y para qué?

Es importante notar que cada texto bíblico tiene un lado pertinente a la historia *general* (=histórico) y otro pertinente a la historia *de la salvación* (=espiritual). Notar esto ayudará a responder la pregunta guía del análisis orientado a la aplicación o análisis pragmático. Cada uno puede percibir lo que sucede en el escenario de la historia del mundo. Pero lo decisivo son las directrices que Dios da como director, esto que se desarrolla tras bambalinas.

La Biblia nos revela lo que sucede detrás del telón y cómo opera la dirección de Dios, ya que con ello nos permite echarle un vistazo a la historia de la salvación. Todo lo que nos es revelado en la Biblia es parte del plan redentor de Dios y nos abre la posibilidad de poder descubrir detrás de la «historia del mundo» la «historia redentora» de Dios. Por ello, es de suma importancia reconocer a qué punto (o época) en el plan redentor de Dios pertenece la unidad textual que estamos analizando. Por esta razón, no deberíamos preguntar cortos de vista y prematuramente «¿Qué me dice el texto a mi?». Mejor sería preguntar primero: «¿Dónde está ubicado el texto en sí?». Desde un punto de vista superficial, nos parece que una aplicación demasiado corta y apresurada de la palabra bíblica a mi vida es algo muy piadoso, pero puede ser en realidad algo que yace más en una actitud egocéntrica que en una buena reflexión teológica; y puede llevar, de esta manera, a que nos equivoquemos respecto a la intención de Dios. En el marco hermenéutico debemos cuidarnos de dos fuentes de peligro:

> Quién no tiene un ojo para la historia de la salvación de Dios, recorta la Palabra de Dios, leyendo la Biblia solamente para su edificación o solamente de forma histórica. Quién solo piensa en edificación, pregunta prematuramente por el valor del texto para la piedad actual. Quién solo piensa en el marco histórico, corre peligro de quedar varado en el pensamiento inmanente [que atañe sólo a la realidad visible de este mundo]. [...]. Ya que vemos la Biblia desde la perspectiva de la historia de la salvación, la historia que se relata en la Biblia se convierte en historia de Dios con el mundo para su salvación.[78]

La historia de la salvación se hace visible donde la Biblia nos explica el actuar específico de Dios en situaciones históricas determinadas. Se manifiesta cuando Dios, al ejercer su poder de elección, interviene en ciertos momentos y lugares en el transcurso de la historia. En su gracia Dios elige determinadas personas como mensajeros y vehículos de revelación. Elige a su pueblo Israel de entre todos los pueblos. Elige un resto o remanente de este pueblo y, cuando se cumplió el tiempo, a su Hijo para salvación. Elige apóstoles, los cuales deben llevar el mensaje de Jesús a todas las naciones y escoge de entre todas las naciones a su iglesia. Con las personas que elige hace pactos: el pacto con Noé, el pacto con Abraham, el pacto del monte Sinaí y el Nuevo Pacto. El Dios del pacto siempre es el mismo, pero los tipos de pacto y las condiciones de estos de hecho que varían. Hay pactos que están sujetos a condiciones y aquellos que no lo están. Los pactos también varían en cuanto a su amplitud y su vigencia. Así, por ejemplo, el pacto con Noé es incondicional y es válido para toda la creación (todo el cosmos), mientras que la tierra exista (Gn 8.21ss). El pacto con Abraham fue estipulado unilateralmente por Dios sin condición alguna y es válido ilimitadamente para Abraham y sus descendientes elegidos (físicos y espirituales) (Gn 15; Gá 3). El pacto legal del Sinaí está supeditado a condiciones y sirve como «intermezzo», es decir, como interludio para Israel en el plan de salvación de Dios para el tiempo desde Moisés hasta Cristo (comparar Lc 16.16; Ro 10.4 con Gá 3-4; 2Co 3.3ss). Y el Nuevo Pacto —promesa veterotestamentaria para el tiempo del Mesías y hecho posible por medio de la muerte de Jesús en la cruz— se cumple en aquellos que pertenecen a Jesús, el Mesías (comparar Jr 31.31ss con Lc 22.20; 2Co 3; Heb 8.6-13; 10.11-18). Después del tiempo de la ley, que en cuanto a volumen abarca la mayoría del AT, Dios revela como «secreto» el período de la iglesia, la cual consiste en judíos y paganos salvados (Ef 3.1-12; Col 1.24-29; Ro 16.25). Al final de la era presente, después de los dolores del parto del tiempo final, el Cristo que regresa levantará su reino mesiánico en esta tierra, por un tiempo limitado (Ap 20; Hch 1.6; 3.18-21; 1Co 15.23-28). De esta manera, se puede ver que hay diferentes «ordenes/tiempos de salvación» (algunos lo llaman: economías de salvación; véase Ef 1.10; 3.9) que Dios manifiesta en la historia. Dentro del marco de una revelación continua Dios revela su voluntad y su plan. Comienzos y progresos, incisiones y comienzos nuevos, continuidad y discontinuidad caracterizan el actuar soberano de Dios con su pueblo

En base a estos comentarios fragmentados ya se puede aclarar que tomar en cuenta la revelación continua desde el punto de vista de la historia de la salvación va a tener consecuencias importantes para la exégesis y la aplicación. Como introducción al trabajo con la historia de la salvación bíblica por favor ver las sugerencias bibliográficas en el apéndice.

A continuación, se indican cinco puntos elementales de una interpretación de las Escrituras desde el punto de vista de la historia de la salvación y las consecuencias de estos para la aplicación según el texto y las Escrituras:

(1) Reconocer el lugar en el que uno mismo está en cuanto a la historia de la salvación

Primero, es importante que el intérprete reconozca y analice su propio lugar en la historia de la salvación. El intérprete de hoy se encuentra en la era de la iglesia de Jesús. Esto significa que vive en el tiempo entre la primera y la segunda venida de Cristo, que todavía es parte del «antiguo eón» (la «era actual») —un tiempo con imperfecciones. Simultáneamente es un tiempo que ya puede ver en retrospectiva el comienzo de un «nuevo eón» (la «era futura»), por medio de la cruz y la resurrección de Cristo. El intérprete actual espera los efectos plenos de la cruz y de la resurrección de Cristo de parte del futuro escatológico de Dios (en los tiempos finales). Lo que es válido para el tiempo de la iglesia de Jesús no es necesariamente lo mismo que fue válido en el tiempo de Israel bajo la ley —o, para lo que será válido en el futuro, en la culminación de la Nueva Creación. Sin importar a qué se refiere el texto bíblico respecto al pasado, al presente o al futuro el intérprete es consciente que lee el texto como cristiano que pertenece a la iglesia de Jesucristo.

(2) Reconocer el lugar en el que se encuentra la unidad textual en la historia de la salvación

A pesar de esto, el intérprete que trabaja de manera minuciosa y cuidadosa en el marco de una interpretación según las Escrituras y el texto intentará entender cada texto desde el tiempo dentro de la historia de la salvación al cual pertenece. Es incorrecto poner todos los mensajes de la Biblia en un mismo nivel y convertir los mismos en una sola masa, dogmáticamente monótona. Cuando se declara que el antiguo Israel es iglesia, o que Moisés y David son cristianos no contribuye en nada a una claridad bíblica. El antiguo y el nuevo pueblo con los que Dios hace un pacto no son idénticos y punto. La interpretación y aplicación de la Biblia desde el punto de vista de la historia de la salvación tiene como tarea entender cada pasaje de las Sagradas Escrituras en base a su propio trasfondo, en cuanto a su intención y significado original.

Si se sigue el principio de que la Biblia misma, como palabra de Dios, pone los lineamientos para el correcto manejo de sus textos, se puede encontrar el lugar de la unidad del texto en la historia de la salvación, teniendo en cuenta las siguientes cinco diferencias.

a) *Tomar en cuenta diferentes **acontecimientos** dentro de la historia de la salvación*

En la Biblia existen acontecimientos (p. ej. cuando Dios entregó la ley en el Sinaí, la venida del Mesías, el derramamiento del Espíritu en Pentecostés, y muchos otros), que tuvieron consecuencias tan vastas, que se tiene que diferenciar un «antes» y un «después» de ocurridos. Por ejemplo, ante la pregunta de recibir o perder el Espíritu, la respuesta es distinta antes de Pentecostés como después de este. Con ello, Pentecostés marca una diferencia básica entre el antiguo y el nuevo pacto. Por ello, Ud. deberá hacer preguntas como: ¿Trata la unidad textual que estoy analizando el tiempo

- antes o después de Pentecostés?
- antes, entre o después de la primera o segunda venida de Jesús, respectivamente?
- antes, bajo o después de la ley?
- etc.

b) *Tomar en cuenta diferentes **eras** de la historia de la salvación*

En la Biblia hay diferentes términos («aion» = era, siglo, época; «oikonomia» = administración, plan de salvación) para distinguir las distintas épocas de tiempo. De esta manera, se diferencia entre «esta era» (1Co 1.20; 2.6, 8) y la «era venidera» (Heb 6.5) en el Nuevo Testamento (Mt 12.32; Ef 1.21). Pero la Biblia no habla solamente de esta era y de la futura, sino que habla también de eras/épocas/siglos en plural (1Co 2.7). Esto es válido en la perspectiva de los autores bíblicos, tanto para el pasado (1Co 10.11; Ef 3.9; Heb 9.26) como para el futuro (Ef 2.7). Haga Ud., por ello, preguntas como:

- ¿Se puede encasillar la unidad textual que estoy analizando en una época de tiempo específica?
- ¿Se refiere la unidad textual que estoy analizando a una superposición de épocas, o, en su caso, a una transición entre épocas?
- etc.

c. *Tomar en cuenta diferentes **entidades** de la historia de la salvación*

En la Biblia hay diferentes entidades que deben diferenciarse respecto a la historia de la salvación, pero que, en lo que se refiere a sus relaciones, no siempre deben separarse. Por ello deberá preguntarse cosas como:

- ¿Se refiere el contenido de la unidad textual en general a toda la humanidad, respectivamente a toda la creación?

- ¿Se refiere el contenido de la unidad textual a una entidad específica (Israel, iglesia o naciones / gentiles)?
- etc.

*d) Tomar en cuenta los distintos **pactos** en la historia de la salvación*

Como ya se mencionó detalladamente en la introducción al análisis orientado a la aplicación, encontramos diferentes pactos en la Biblia, los cuales son válidos por diferentes rangos de tiempo, que tienen diferentes condiciones pactuales, diferentes señales que los diferencian y diferentes socios que los contraen. Por ello será bueno que Ud. haga preguntas como:

- ¿A qué pacto atañe el contenido de la unidad textual que estoy analizando?
- ¿Qué rango de tiempo tiene este pacto?
- ¿Esta supeditado este pacto a ciertas condiciones?
- ¿Con quién fue hecho este pacto?
- ¿Qué significado tiene la señal que marca este pacto y cómo debe tratarse esto?
- ¿Sigue este pacto el principio: «ya» ha comenzado, pero «todavía no» ha culminado?
- etc.

Un razonamiento guiado por la historia de la salvación nos protege contra un uso arbitrario de la Biblia. Esto es así, ya que diferencia los distintos pactos con sus diferentes instrucciones. Piense una y otra vez en la pregunta guía respecto a la historia de la salvación: **¿Qué** fue dicho **cuándo,** a **quién** y **para qué?**

*e) Tomar en cuenta las distintas **líneas** en la historia de la salvación*

Hay que notar que en la Biblia existen en parte líneas en la historia de la salvación que se superponen unas a otras, que van paralelas, que se desarrollan progresivamente o que se reemplazan entre sí. Estas líneas están relacionadas entre sí y se enfocan en la cruz de Jesús como el centro de la historia de la salvación (Ro 11.36). Las siguientes líneas han de diferenciarse:[79]

La línea de la creación, que comienza con la creación original (Gn 1) y termina en la nueva creación (Ap 21.1ss; ver también Mr 13.31). La nueva creación es la esperanza continua del pueblo de Dios en el Antiguo Testamento (Is 65.17), así como en el Nuevo Testamento (2P 3.13). Aunque «todavía no» se ha consumado, la nueva creación no es solamente algo futuro, sino que «ya» comienza por medio de la fe en la actualidad (2Co 5.17). Aunque la historia de la salvación apunta y avanza hacia la nueva creación, los órdenes actuales quedan vigentes, hasta que el «cielo y la tierra» actuales pasen (Mt 5.18). La característica de la creación presente es que Dios crea unidad diferenciándola (Gn 1). En los lugares de la Biblia donde se argumenta con el orden creacional, se trata de indicaciones que no están supeditadas a un tiempo específico (p. ej. 1Co 11; 1Ti 2).

La línea de Adán, que nos muestra desde la creación y la así llamada «caída» cómo es el ser humano y lo que Dios tiene preparado para él en el transcurso de la historia de la salvación (1Co 15.21ss; Ro 5.12, 18s). En Adán comienza la historia del alejamiento de Dios dentro de la historia de la salvación. Por consiguiente, la historia de la salvación se da dentro de la tensión entre el ser pecaminoso del ser humano «en Adán» y la justificación del pecador «en Cristo». El punto de inflexión decisivo en la línea de Adán es, pues, el «nuevo Adán» Jesucristo (comparar Gn 1.27 con 2Co 4.3s; Col 1.15). Así, la línea de Adán va en el camino del juicio a su destino, mientras que Cristo es el Salvador y el Juez. El creyente comparecerá ante el tribunal de Cristo (1Co 3.11ss; 2Co 5.10; Ro 14.10) y el no creyente ante el tribunal en el «día del juicio final» (Ap 20.11ss).

La línea del Espíritu, que describe el actuar divino en su creación por medio de su Espíritu Santo. Este empieza al comienzo de la creación (Gn 1.2). Mientras que en el Antiguo Testamento el Espíritu desciende únicamente en algunas personas escogidas, el Espíritu Santo en el Nuevo Testamento es el sello distintivo de los creyentes (1Co 12.3). Un punto salvífico crucial en la línea del Espíritu es entonces el acontecimiento en Pentecostés. El Espíritu Santo es el mismo en todos los tiempos, pero obra de distintas maneras a lo largo de la historia de la salvación.

La línea de la gracia y de la fe (comparar Gn 15.6 con Gá 3.6; Ro 4.3, 9s). Tenga en cuenta que tampoco en el Antiguo Testamento había justificación por obras, ya que el sacrificio en sí no causa el perdón, sino que, lo decisivo era la actitud interna (arrepentimiento) detrás de la acción de ofrecer el sacrificio (comparar Mt 9.13; 12.7 (= Os 6.6) con 1S 15.22; Pr 15.8; 21.3; Ec 4.17; Is 1.11-17; Am 5.22.24; Miq 6.6-8; Mr 12.33). Cristo es el comienzo y el fin de la historia de la salvación, el alfa y la omega, el primero y el último (Ap 1.8-11; 4.8). Cristo se ubica al inicio de la creación (Jn 1.1ss; Col 1.15s) y de la nueva creación (Ap 21.5). En medio de la historia del alejamiento de Dios, que empezó con la así llamada «caída» en pecado, se inicia la línea de la salvación en Cristo con una promesa (Gn 3.15). Han de diferenciarse cuatro épocas cristológicas en la historia de la salvación: El Cristo que está oculto (en el AT), el Cristo sufriente (en los Evangelios), el Cristo que fue exaltado (en las Cartas) y el Cristo glorificado que va a retornar (en el Apocalipsis). Jesús va a regresar por su iglesia (1Ts 4.13ss) y por Israel (Hch 1.6; Ro 11.25ss; Is 59.20).

La línea del juicio, que sigue el mismo principio tanto en el Antiguo Testamento como en el Nuevo Testamento: No hay salvación sin juicio (Is 26.8s; Lc 11.42). «Kairoi» marcados son en esta línea el diluvio y la construcción de la torre en Babel, que operan como advertencias. Luego Israel es llamado por los profetas a la salvación por medio del juicio. Este juicio atañe a la Iglesia, a Israel y a las naciones, comenzando, sin embargo, en la casa de Dios (1P 4.17). Cada ser humano muere y luego viene el juicio (Heb 9.27). Pero el juicio a la iglesia no es un juicio para condenación, ya que la muerte sacrificial del Señor de la iglesia hizo expiación por ella (Ro 8.1). Pero tampoco la iglesia se salva de una evaluación. Con el «juicio final» termina el «mundo» actual (Ap 20.11-21.7).

La línea de la iglesia es del Nuevo Testamento, aunque esté ya contenida en el Antiguo Testamento, pero todavía oculta allí (Ef 3.9; Col 1.16; 1Co 10.1ss). Pero antes de la fundación del mundo Dios ya había elegido a la iglesia en Cristo (Ef 1.4; comparar con Ro 8.29). Por ello la iglesia es el cuerpo de Cristo (Ef 1.23; 4.4; Ro 12.5; 1Co 12.27). Aunque la iglesia sea una inserción en la línea de Israel (Ro 11; Ef 3). Por esta razón haga preguntas como las siguientes:

- ¿Qué líneas de la historia de la salvación se mencionan en la unidad textual que esta analizando?
- ¿Qué continuidad o discontinuidad existe en esta línea de la historia de la salvación?
- etc.

(3) Situar la unidad textual en el contexto de la revelación continua

Al «acto de ver» (¿dónde se «sitúa» el texto?) le sigue el «acto de entender» (¿qué «hay en» el texto?). Haciendo lo último, el intérprete se encontrará con el problema de la continuidad y discontinuidad cuando compara diferentes unidades textuales en la Biblia de diferentes épocas de la historia de la revelación. Constantemente se encuentra con el mismo Dios santo y amoroso. Constantemente se encuentra con el hecho que Dios le da mandamientos al ser humano que requieren su obediencia y lo llaman a ser santo. Constantemente se encuentra con el mismo motivo: la obra salvadora de Dios, por medio de la cual ofrece y posibilita la salvación al ser humano —que es desobediente y pecador— en base a la gracia y al fin y al cabo por el sacrificio expiatorio de Jesucristo en nuestro lugar. Pero también se va a dar cuenta que Dios dio diferentes instrucciones en diferentes momentos, lo cual le sirvió para probar la obediencia de la persona respectiva en el tiempo respectivo. Por ejemplo, en los tiempos de Abraham no había problema ante Dios si el dueño de la casa hacía un sacrificio para su familia al costado de su carpa. Sin embargo, desde la revelación de Dios en el monte Sinaí, este mismo acto se hubiera interpretado como desobediencia: Porque ahora Dios pedía que los sacrificios sean hechos por sacerdotes en el tabernáculo y más tarde en el templo. Y en el tiempo del Nuevo Testamento nos es dado el sacrificio expiatorio de Jesús, que marca los sacrificios de animales como una solución provisoria que apunta hacia Jesús y los reemplaza. En el caso del divorcio, Jesús por ejemplo diferencia (Mt 19.1-9) entre lo que es el orden creacional original que no incluía el divorcio, el tiempo bajo la ley, cuando el divorcio fue permitido como orden de emergencia y, el tiempo del Nuevo Testamento que regresa al orden original como voluntad de Dios y limita drásticamente el orden de emergencia. En lo que se refiere a la ley del Antiguo Testamento Pablo puede enfatizar que no está bajo la ley, pero reconoce estar sometido a la «ley de Cristo» (1Co 9.20s). Habría más ejemplos. El intérprete de la Biblia que trabaja cuidadosamente desde el punto de vista de la historia de la salvación va a tomar en cuenta claramente tanto las diferencias como también lo que es constante (las líneas constantes) en el actuar y hablar de Dios dentro de la historia de la revelación. Así podrá percibir los mensajes bíblicos en toda su abundancia sin nivelar todo dogmáticamente.

Para ello se tiene que tomar en cuenta el principio básico de la historia de la salvación formulado por Johann Albrecht Bengel:

¡Distingue los tiempos, y las Escrituras encajarán!

(4) Descubrir la aplicación relevante respecto a la historia de la salvación para la actualidad

En cuarto lugar, una consideración desde el punto de vista de la historia de la salvación hace posible una aplicación según la voluntad de Dios, de los textos bíblicos interpretados según el texto y las Escrituras. Toda la Biblia es palabra de Dios intocable. La Biblia completa, como palabra verdadera, nos es útil espiritualmente en todas sus partes, mostrándonos por ejemplo el carácter de Dios y sus caminos con los seres humanos. Sin embargo, no todo es aplicable de la misma manera para todos los seres humanos. Hay cosas que han sido dichas para otros períodos en la historia de la salvación y para otros recipientes de la revelación.

- Un cristiano de hoy lee el mandamiento del Antiguo Testamento acerca de la circuncisión: ¿Debería entonces procurar que él mismo y todos los integrantes masculinos en su familia sean circuncidados? Si lo hiciera, no se hubiera dado cuenta que este mandamiento ya no se aplica a la era de la iglesia (Gá 5.2).

- Otra persona se denomina un pacifista absoluto en base a Is 2.4 (NTV): «Ellos forjarán sus espadas en rejas de arado y sus lanzas en herramientas para podar. No peleará más nación contra nación, ni seguirán entrenándose para la guerra». Rechaza todo poder estatal como no bíblico, pero desconoce haciéndolo, que esta palabra de Dios por medio del profeta Isaías es una profecía que describe la era de gracia futura, la era mesiánica, mientras que para la época actual es válido Ro 13.4 (NTV): «Las autoridades están al servicio de Dios para tu bien; pero si estás haciendo algo malo, por supuesto que deberías tener miedo, porque ellas tienen poder para castigarte. Están al servicio de Dios para cumplir el propósito específico de castigar a los que hacen lo malo».

- Otro lee en Is 53.4-5 que Jesús, el siervo de Dios, no sólo morirá por nuestros pecados sino también por nuestras enfermedades. Rápidamente concluye: ¡Porque a través del sacrificio de Jesús recibo el perdón de mis pecados, también recibiré, de todas maneras, sanación y buena salud, si se lo pido! Pero no se da cuenta que Jesús por medio de su sufrimiento en la cruz en principio ha vencido tanto al pecado como la enfermedad y la muerte (productos del pecado), pero que el evento en la cruz tiene efectos consecutivos en la historia de la salvación. La redención del pecado y la culpa se otorga gratuitamente a todos los que creen en el sacrificio realizado por Jesús. La redención del cuerpo y la liberación de enfermedades, de sufrimientos y de la muerte, recién se darán como parte de las consecuencias de esa primera redención en la eternidad (ver. Ro 8.23; Ap 21.4). No obstante, Dios puede otorgar por gracia anticipadamente milagros de sanación, como adelantos «no programados».

Debería haber quedado claro: Antes de aplicar inmediatamente una porción de la Biblia, tenemos que ver si realmente fue escrita para nosotros en el lugar de la historia de la salvación en el que nos encontramos. Si uno toma en cuenta precisamente qué es lo que Dios ha ordenado para el tiempo de la iglesia y qué promesas relacionadas a la historia de la salvación y los tiempos finales todavía se han de cumplir para su pueblo Israel, uno se protege, de esta manera, de bastante daño en la interpretación y en la aplicación.

(5) Realizar la aplicación de la unidad textual

Cada parte de la Biblia puede ser aplicada. Sin embargo, cada aplicación tiene que tomar en cuenta qué es lo que ha sido revelado por Dios y es válido para el tiempo presente, en cuanto al tema respectivo. Si sabemos cuál es la promesa, mandamiento y orden de Dios para el tiempo actual, entonces podemos aplicar efectivamente cada parte de la Biblia para nosotros mismos o en la predicación, después de haberla entendido de acuerdo con su significado original (según las Escrituras y el texto). En los informes históricos del AT reconocemos por ejemplo principios básicos del actuar de Dios con su pueblo: su actitud hacia sus promesas, qué tan seriamente toma las transgresiones de los respectivos mandamientos válidos y cómo una y otra vez es increíblemente misericordioso. La historia de Dios con su pueblo, con la que nos encontramos en la Biblia como una historia que se interpreta proféticamente, puede y debe servirnos como ejemplo del cual aprender (1Co 10.11). El código penal de la ley mosaica, que muchas veces incluye la pena de muerte, nos muestra lo serio que es el asunto del pecado para Dios. No significa que tenemos que abogar por la pena de muerte en la iglesia cristiana, porque en el Nuevo Testamento Dios tan solo exige que la iglesia discipline y se reserva como juez máximo el juicio para el futuro. Podemos aplicar muchos elementos de la ley mosaica indirectamente (pero sin cambiarla) a nuestras propias vidas, porque vemos que Dios ha establecido los mismos principios para la iglesia del Nuevo Testamento. Por ejemplo, nueve de los diez mandamientos vuelven a establecerse en el Nuevo Testamento —en parte como cita textual y en parte formulados de una nueva manera.[80] Puede ser que en vez de «No robes» (Éx 20.15 [NTV]) diga: «Si eres ladrón, deja de robar» (Ef 4.28 [NTV]). Sólo el mandamiento acerca del sábado o día de reposo (Éx 20.8-11) no se restablece en su forma original para la iglesia del Nuevo Testamento (véase Mt 12.8; Jn 9.16; Col 2.16; Gá 4.10; Ro 14.5). Que «el día de reposo es para el ser humano» y es útil como día de descanso se puede deducir de la historia de la creación y, consecuentemente, es un principio divino misericordioso también para nosotros. La persona que lee la Biblia desde el punto de vista de la historia de la salvación aceptará con gusto de la mano de Dios el día de reposo después de seis días de trabajo y con gusto lo utilizará para darle la gloria a Dios, sea el domingo, en memoria del día de resurrección de Jesús, o sea otro día —si su trabajo no permite que sea el domingo.

Entonces, como resultado podemos registrar:

- Toda la Biblia es la palabra intocable de Dios, pero para tiempos determinados él da —en la continuidad y discontinuidad de la historia de la salvación— órdenes respectivas especiales. En la totalidad de esta historia de la salvación ninguna parte es prescindible, sino todo contribuye al conjunto orgánico-multifacético y, todo tiene su lugar en la revelación continua. Esta unidad es provista por el propio autor divino.

- Lo que ha sido revelado para el presente tiempo de salvación, lo podemos entender sobre la base de un análisis histórico y literario preciso y lo podemos aplicar directamente a nosotros.

- Lo que era válido directamente para otros períodos en la historia de la salvación lo podemos aplicar indirectamente. Lo podemos entender y aplicar a nuestra propia situación tomando en cuenta lo que es válido actualmente, de forma análoga y a veces también en una continuidad sin cambios.

Pautas prácticas para el paso 10

- Diferenciar la aplicación directa y la indirecta preguntando primero: ¿Qué es válido para quién? y ¿Qué es válido cuándo?
- Ser consciente de la posición que uno mismo tiene dentro de la historia de la salvación como miembro de la iglesia del Nuevo Testamento.
- Ser consciente de la posición que la unidad textual tiene dentro de la historia de la salvación.
- Determinar la posición de la unidad textual dentro de la historia de la salvación tomando en cuenta la revelación continua.
- ¡Hay que descubrir la aplicación que es relevante para la actualidad tomando en cuenta la historia de la salvación! ¿Permiten una transferencia y aplicación directas el alcance y la validez de la época de la historia de la salvación? (p. ej. pacto, etapa en el tiempo de salvación [griego: oikonomia], etc.)

- **¡A aplicar la unidad textual!** ¿Se adopta o se continúa la declaración teológica (el principio) en diferentes momentos y situaciones dentro del testimonio total de las Escrituras (observación teológica)? ¿Existen paralelos entre la situación original y la actual (posibilidades para hacer alguna analogía)? ¿Hay indicaciones que solo puedan explicarse con la práctica cultural de ese entonces (análisis cultural)?

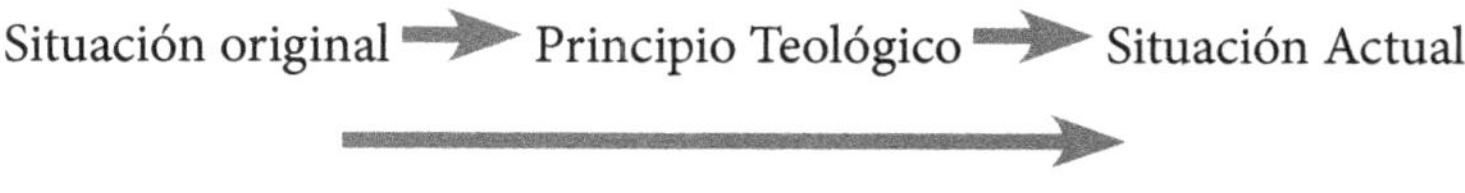

Aplicación según el texto y las Escrituras

Preguntas guia para descubrir lo que se debe predicar concretamente:

- ¿Qué mensaje específico de Dios les debo explicar a mis oyentes para su diario vivir?
- ¿Qué demanda específica de Dios les debo ilustrar a mis oyentes para su diario vivir?
- ¿Qué promesa específica de Dios debo aplicar a mis oyentes para su diario vivir?

Preguntas guia para transferir y aplicar especificamente la unidad textual[81]

- ¿Qué ejemplo específico en el texto debería seguir en el futuro?
- ¿Qué pecado específico se menciona en el texto y que debería evitar en el futuro?
- ¿Qué promesa específica en el texto puedo creer y reclamar para mí en el futuro?

- ¿A qué instrucción específica en el texto debo obedecer en el futuro?
- ¿Qué condición específica en el texto debo cumplir en el futuro?
- ¿Qué error específico debo evitar en el futuro?
- ¿A qué desafío específico en el texto debería enfrentarme en el futuro?

Ejercicios para practicar el paso 10

Utilizando el Salmo 1.1-6	Utilizando Efesios 4.1-6
¿El alcance y la validez de la época de la historia de la salvación permiten la transferencia y aplicación directas?	¿El alcance y la validez de la época de la historia de la salvación permiten la transferencia y aplicación directas?
¿Qué principio teológico se adopta o, respectivamente, continua en diferentes tiempos y situaciones en la Biblia?	¿Qué principio teológico se adopta o, respectivamente, continua en diferentes tiempos y situaciones en la Biblia?
¿Existen paralelos entre la situación original y la actual? ¿Hay indicaciones que sólo pueden ser explicadas con la práctica cultural de ese entonces?	¿Existen paralelos entre la situación original y la actual? ¿Hay indicaciones que sólo pueden ser explicadas con la práctica cultural de ese entonces?

Comentarios acerca de la elaboración escrita de una exégesis según el texto y las Escrituras en base al *método de los diez pasos*

Hemos recorrido un largo camino que vale la pena. En primer lugar, hubo diferentes pasos en la primera fase del proceso exegético, en los que obtuvimos una vista general de la unidad de texto (paso 1). Luego dimos varios pasos individuales de análisis (pasos 2-8) en una segunda fase, que nos permitieron una vista más profunda del texto. Y en la tercera fase (pasos 9 y 10), hemos enfocado los resultados de nuestra interpretación. Y de este modo, nuestra exégesis está casi completa.

Sin embargo, ahora deberíamos ordenar los distintos resultados individuales que quizás se encuentran repartidos por todo nuestro escritorio, anotados en diferentes papeles y que deberíamos guardarlos para más tarde (por ejemplo, como base para un estudio bíblico, una predicación, etc.). Para esta meta vale la pena que usted escriba un comentario corto, versículo por versículo, para la unidad textual que ha analizado. Así usted podrá demostrar que es capaz de formular su interpretación de manera escrita, comprensible y fácil de leer y, que es capaz de presentar los resultados individuales de su trabajo exegético en un resumen claro y bien argumentado.

Desde el punto de vista metodológico, esto es lo que tiene que hacer: Ponga al inicio el tema del texto que ha formulado y el diagrama textual (diagrama de flujo) que ha preparado. Explique brevemente la situación comunicativa original y el contexto, el género y la forma de la unidad textual. Luego formule su interpretación, versículo por versículo, en oraciones cortas y precisas. A la hora de hacer esto fíjese especialmente en la relación entre los versículos e indique, cuál es la relación entre un versículo y otro. Estructure su interpretación detallada, versículo por versículo, utilizando el bosquejo del texto como principio de organización continua en su comentario.

Estructura de una exégesis según las Escrituras y el texto:

I. *Tema del texto* (paso 9.1)
    Ponga el tema del texto al inicio de su comentario.

II. *Diagrama textual (diagrama de flujo)* (paso 7)
    Provea una buena vista general de la estructura del texto con su diagrama textual (diagrama de flujo).

III. *Situación comunicativa original* (paso 3.1)
    Responda de una manera breve y precisa las preguntas introductorias clásicas. Sin embargo, explique también qué provecho trae la aclaración de la situación comunicativa y literaria original para la interpretación de la unidad textual.

IV. *Integración en el contexto* (paso 4.1-5)
    Indique brevemente cómo encaja su texto en el razonamiento del contexto.

V. *Género y forma* (paso 5.1-2)
    Indique el género del texto y qué formas especiales contiene. (Otra alternativa es incluir esta información en la interpretación que sigue a continuación.)

VI. *Interpretación* (parte principal)
    En una interpretación breve, versículo por versículo, que está organizada en base al bosquejo del texto (paso 9.2) de forma alfanumérica, presente los resultados de los análisis individuales de cada versículo.

    Introduzca los resultados de su análisis de crítica textual en base a las variantes del texto (paso 2.1a) directamente cuando quede bien con el versículo respectivo en su comentario. No tiene que incluir una comparación de las diferentes traducciones, ni una comparación sinóptica o una sincronología del texto (en todo caso como apéndice), pero explique y justifique sus resultados donde sea necesario y adecuado. Si usted tuvo problemas graves a causa de las diferentes traducciones (paso 2.1b-c), explique su manera de solucionar estos problemas como parte de la interpretación versículo por versículo. Presente sus soluciones tomando en cuenta su análisis lingüístico-gramatical (paso 6.1-2), estilístico (paso 5.3), histórico (paso 3.2-3) y bíblico-teológico (paso 8). Limítese a los estudios de términos absolutamente necesarios, incluyéndolos en forma de un excurso y justifique su decisión de explicar estas palabras. Incluya únicamente los resultados de sus análisis de términos y evite largas listas de versículos bíblicos o citas.

A la hora de escribir su interpretación preocúpese por justificar sus decisiones exegéticas y aclare la interrelación entre los versículos de su unidad textual (razonamiento), analizando detalladamente las transiciones (ver paso 6.2).

Para desarrollar su interpretación por escrito, utilice todas las herramientas literarias (comentarios, diccionarios, artículos de revistas, etc.) e informáticas a su disposición. Pero asegúrese de que sea un trabajo independiente (suyo) y no una recopilación de citas de supuestas autoridades exegéticas. Más bien, demuestre con su interpretación que usted es capaz de procesar independientemente la literatura y los pensamientos de otros. Entonces, no copie simplemente, sino utilice especialmente los comentarios bíblicos evaluándolos y considerándolos cuidadosamente. Tenga el valor de tener su propia opinión, pero al mismo tiempo no se olvide de justificar sus puntos de vista. Lo que usted descubre en su interpretación de la Biblia es lo que usted también va a creer y —comprendido desde el punto de vista de la historia de la salvación— estará dispuesto a hacer. Lo que usted apunta no es un juego mental con posibilidades interpretativas, sino un trazar obediente de la revelación de Dios.

VII. *Aplicación* (paso 10.1-5)

Tome en cuenta la diferencia entre informaciones prescriptivas y descriptivas en su texto bíblico. Justifique qué principios bíblicos en su unidad textual —entendidos según la intención de Dios dentro de la historia de la salvación— usted quiere transmitir hoy como Palabra de Dios que se debe seguir obligatoriamente. Las pautas prácticas en el paso 10 le sirven como ayuda para justificar sus pensamientos respecto a la aplicación de la unidad textual.

Recuerde que redactar una exégesis no es igual a la preparación de un devocional, un estudio bíblico o una prédica. Más bien, los resultados de una exégesis forman la base sobre la cual se medita para la preparación de una prédica, haciendo la «exégesis de la realidad actual»[82] respectiva. El devocional, estudio bíblico o la prédica en sí, recién puede hacerse una vez que se hayan relacionado los resultados del trabajo exegético que ha hecho, en base a la unidad textual, con la realidad actual, según el texto y las Escrituras.[83]

Apéndice

Tiempo necesario para hacer una interpretación de la Biblia según el método de los diez pasos

Paso 1		
Familiarizarse con el texto	Tiempo necesario aprox. 45 minutos	Vista general
Paso 2		
Determinar la base textual	Tiempo necesario aprox. 30 minutos	Análisis crítico-textual
Paso 3		
Aclarar la situación comunicativa original	Tiempo necesario aprox. 30 minutos	Análisis histórico
Paso 4		
Captar el contexto de la unidad textual	Tiempo necesario aprox. 30 minutos	Análisis contextual
Paso 5		
Examinar qué tipo de texto es la unidad textual	Tiempo necesario aprox. 30 minutos	Análisis literario
Paso 6		
Reconocer los términos y su interconexión en la unidad textual	Tiempo necesario aprox. 45 minutos	Análisis lingüístico-gramatical
Paso 7		
Desarrollar el razonamiento (la línea de pensamiento) de la unidad textual	Tiempo necesario aprox. 30 minutos	Análisis estructural

Paso 8		
Responder preguntas doctrinales de la unidad textual	Tiempo necesario aprox. 45 minutos	Análisis bíblico-teológico
Paso 9		
Resumir de manera precisa el mensaje de la unidad textual	Tiempo necesario aprox. 30 minutos	Análisis sintético de la intención del texto
Paso 10		
Encarar el significado de la unidad textual para la actualidad	Tiempo necesario aprox. 45 minutos	Análisis pragmático del principio del texto

Tiempo total necesario: aprox. 6 horas

(Las indicaciones de tiempo se refieren a un intérprete que ya tiene práctica.)

La predicacion expositiva y comunicativa: un posicionamiento

Predicar — ¿Qué cosa es eso?

No todo discurso religioso es una prédica, tampoco lo es toda exposición contemplativa. El hecho de que un discurso suceda en el espacio de un culto, en el lugar donde se festeja un culto, no hace que éste se convierta en una prédica. Supongamos que un político que se define a sí mismo como no afín a lo religioso y agnóstico es invitado a un culto para traer la «prédica»: Agradece la oportunidad y da lo mejor que tiene, abogando por una sociedad mejor y por valores interpersonales. Pregunta: ¿Se trata aquí de una prédica, sólo porque se le ha prestado el púlpito para su discurso? O, supongamos que alguien da una charla desde el púlpito acerca del significado de Martín Lutero para la política y la sociedad con motivo del aniversario de la Reforma. ¿Se convierte esta charla en prédica? De hecho, un político (cristiano) también puede predicar. El contenido decide si su discurso, en el contexto de una iglesia, realmente es una prédica o no. Una prédica difiere de todos los demás discursos porque en esta se proclama la Palabra de Dios. Esta es una afirmación bastante fuerte. Por ello tenemos que reflexionar sobre ella más a fondo.

La prédica como proclamación de la Palabra de Dios

1. Reflexiones previas: Biblia y predicación según Lutero

Acerquémonos una vez al tema como cristianos evangélicos desde el punto de vista de Lutero. Como se sabe, el reformador le dio una importancia central a la predicación. De acuerdo con el reformador, sin predicación un culto no tendría mucho sentido. En su escrito reformador «Acerca del orden del culto en la iglesia» del año 1523, Lutero escribe que los cultos sin predicación de la Edad Media habían sido cultos «tontos» y sin sentido. Su interés está en «hacer todo lo posible para que la Palabra (de Dios) entre en moda» (WA 12, 32 A). Ya que por medio de la Palabra predicada el evangelio despierta la fe, se puede definir la iglesia como «creación de la Palabra» (WA BR 5, 591, 55s). En el Catecismo Mayor, Lutero exige que hay que reunirse para «escuchar y cumplir la Palabra de Dios» (ibid., §84; BSLK 581) con la meta de que: «aquí, empero, tiene que suceder una obra tal que un ser humano se vuelva santo, lo que únicamente (como ya se ha escuchado) sucede por medio de la Palabra de Dios» (ibid., § 94; BSLK 584). Que Lutero crea que la predica es capaz de tener un impacto tan fuerte, yace en su convicción de que la Biblia como fundamento de la predicación es de una manera muy peculiar Palabra de Dios verdadera y eficaz. La Biblia es para él «escritura de Dios» (WA 8, 43, 27 y similares): Escritura *de Dios*, escrita por el Espíritu Santo (WA 7,650,21) y por ello, en contraste con palabras humanas errantes y textos de concilios, es totalmente verdadera y fiable (WA 9,256; 15,148.1; 38, 340.8; 40, 3.254; 48,92; 54, 158); y es al mismo tiempo *Escritura* dada en lenguaje humano, cuyo sentido se puede reconocer claramente (WA 7, 650, 21-24) y que ahora debe ser predicada de manera ilustrativa en el idioma del pueblo común (WA TR 3,3579; WA 19,370,1-12; WA 50,380, 1-10). En cuanto al contenido, para el reformador la prédica se define como proclamación de la ley y el Evangelio; sin embargo, el predicador no está autorizado para la propagación de sabidurías terrenales: «Yo como predicador y enviado por Cristo no debo enseñarte nada acerca de la administración del hogar, de agricultura, de tomar por mujer, de la alimentación y de otras cosas. Porque para esto Dios te ha dado tu entendimiento […]. Pero lo que se me ha ordenado y se me ha dado potestad es únicamente respecto al pecado, que te enseñe, que hubieras tenido que estar perdido eternamente a causa de tus pecados, si Cristo no hubiera pagado por ellos y hecho el desagravio» (WA 52,267,25-28.30ss). En consecuencia, para Lutero la predicación tiene un carácter doble: primero «enseñar» lo que está escrito allí; y luego «amonestar» a poner en práctica lo que se ha entendido. (WA 10, I, 1 54, 12ss; WA TR 2,2216). Esto debe suceder utilizando todas las posibilidades retóricas, para llegar al oído de los oyentes, en el sentido de la claridad externa de las Escrituras (WA TR 2,2580). Sin embargo, para que lo escuchado llegue al corazón del que escuchó la prédica y lo haga con una claridad interna respecto a lo que fue dicho en las Escrituras, esto sólo lo puede hacer el Espíritu Santo (WA 45,24,8-10; WA 10, I ,2, 335, 34s).[84]

2. El encargo bíblico de predicar

Para llegar a un entendimiento teológicamente bien fundamentado de lo que es predicar, una homilética evangélica tendrá que poner sobre la mesa primeramente su posicionamiento respecto a las Sagradas Escrituras y su hermenéutica. Esto es algo que no se podrá hacer en este breve capítulo en el marco de este libro.[85] De acuerdo con su propio testimonio, las Sagradas Escrituras [como ya lo hemos visto reiteradas veces a lo largo de este libro] se muestran a sí mismas como Palabra de Dios inspirada por el Espíritu Santo en lenguaje humano con todas sus respectivas características. Su sentido literal debe y puede ser entendido, para que luego sea interpretado bajo las consideraciones de los lugares respectivos en la historia de la salvación, tanto el de la unidad textual como el del lector actual.[86]

Los autores de los escritos bíblicos, como Moisés, David, Jeremías o los Apóstoles, fueron receptores inmediatos de la Palabra fidedigna y que tiene autoridad de parte Dios. Esta Palabra de Dios que es fidedigna y tiene autoridad la transmitieron oralmente como discurso directo de Dios y luego en la forma de escritos sagrados (ver Nm 12.5-8; 2 S 23.1ss; 1 Co 2.6-14; Ef 3.3ss). También Jesús enseñó palabra revelada directamente. La recibió directamente de su Padre celestial encomendándola a sus discípulos para su transmisión (Jn 17.6-8). Para el tiempo posterior a los Apóstoles la situación cambia. Si no se quiere propagar hoy simplemente conocimiento humano se tiene que predicar la Palabra bíblica de Dios. Timoteo recibe de Pablo, en el umbral del tiempo después de los apóstoles, la instrucción: «Pero tú debes permanecer fiel a las cosas que se te han enseñado. Sabes que son verdad, porque sabes que puedes confiar en quienes te las enseñaron. Desde la niñez se te han enseñado las sagradas Escrituras, las cuales te han dado la sabiduría para recibir la salvación que viene por confiar en Cristo Jesús. Toda la Escritura es inspirada por Dios y es útil para enseñarnos lo que es verdad y para hacernos ver lo que está mal en nuestra vida. Nos corrige cuando estamos equivocados y nos enseña a hacer lo correcto. Dios la usa para preparar y capacitar a su pueblo para que haga toda buena obra. En presencia de Dios y de Cristo Jesús —quien un día juzgará a los vivos y a los muertos cuando venga para establecer su reino— te pido encarecidamente: **predica la Palabra de Dios**. Mantente preparado, sea o no el tiempo oportuno. Corrige, reprende, y anima a tu gente con paciencia y buena enseñanza. Llegará el tiempo en que la gente no escuchará más la sólida y sana enseñanza. Seguirán sus propios deseos y buscarán maestros que les digan lo que sus oídos se mueren por oír». (2 Ti 3.14–4.3 [NTV]).

El texto que acabamos de mencionar es la carta magna de la homilética, de la enseñanza acerca de la predicación. El encargo de predicar es claramente delineado en él: 1. Se debe predicar las Sagradas Escrituras. 2. Esta base de la predicación tiene una calidad incomparable, ya que se trata de la Palabra inspirada por Dios, la cual nos fue dada para salvación. 3. El efecto de esta Palabra única es: nos enseña los pensamientos de Dios, descubre el pecado/lo que está mal en nuestra vida, corrige a los pecadores y los capacita para hacer lo que es bueno delante de Dios. 4. El predicador debe apostar, sin dudar, por la Palabra de Dios; ninguna otra cosa puede ser objeto de la predicación. 5. El mensaje principal de una unidad textual que se desea predicar, al cual debe apuntar la interpretación ofrecida en una predicación, puede variar de acuerdo con cada situación: siendo desde motivador (para hacer algo) hasta consolador. 6. A pesar de que la Palabra de Dios predicada no va a encontrar aprobación en todo lugar, ella no tiene alternativa. 7. El gusto del oyente no puede decidir sobre el contenido de la predicación.

La predicación expositiva es la consecuencia lógica de un encargo así de predicar. Por medio de la exposición de la Palabra bíblica —sea

un versículo, un párrafo, una biografía bíblica o un libro de la Biblia—
se les explica a los oyentes los pensamientos de Dios, que él nos ha
revelado. Haciendo esto el predicador no da una cátedra distanciada
sobre el texto bíblico, como si tuviera que explicar algo que no le atañe
[o impacte] a él ni a los oyentes. Más bien, el predicador habla como
afectado, identificándose con la intención del texto bíblico y acepta el
encargo de tener que decir a la gente esta Palabra. Así él se convierte
en parlante de lo que Dios dice aquí en su Palabra. Desde este punto de
vista la predicación también es Palabra de Dios que posee autoridad,
porque dice lo que Dios dice. Haciéndose abogada de los enunciados
bíblicos y de la intención bíblica frente a los oyentes, la predicación
es también Palabra intencional y motivadora. Si se entiende de esta
manera, la predicación pone «sobre el fuego» una teología bíblica sana
(como lo expresara alguna vez Martyn Lloyd-Jones). La predicación no
es solo la palabra dominical de un teólogo, que —según sea el caso—
comenta o hace relativo un texto bíblico, sino que es más bien un
discurso atado a las Escrituras en total identificación con lo que Dios
dice.[87]

Una predicación que tiene su fundamento en la Palabra revelada de
Dios desea que se cumpla la obra salvadora de Cristo en los oyentes.[88]
Un entendimiento de la predicación tal, se encuentra bosquejado en
Ro 10.13-17. Aquí se abre una cadena causal, que muestra cómo el ser
humano recibe la salvación. El punto de partida es la buena noticia de
Cristo que se deja escuchar (v. 17), siendo proclamada como el llamado
de un heraldo (así v. 16). Para ello Dios envía a sus mensajeros, por
cuya predicación los seres humanos escuchan la Palabra de Cristo
—esto es, la Palabra que Cristo ha traído y la que lo tiene a él como
contenido. De oír esto procede la fe. Y por fe los seres humanos piden
a Dios la salvación. Por ello, la predicación que se basa en la Palabra de
Cristo no será predicación moral, que solamente motive al ser humano
de manera legalista al propio esfuerzo. Más bien, la predicación que se
basa en la buena noticia de Cristo cuenta con el poder del Evangelio
que cambia vidas (Ro 1.16s).

Tan claro como es el encargo bíblico para predicar, tan diversa
puede ser la forma de la predica misma. Esto ya se vislumbra, dado
que la Biblia no conoce únicamente un solo termino para «predicar»,
sino varios. La «Palabra de Cristo» que se oye, es proclamada (griego

keryssein; así Ro 10.14; 2 Ti 4.2; Mr 1.14). Esta manera figurada de hablar cuando se menciona al heraldo, quién proclama algo, subraya el aspecto de que aquí se anuncia algo importante, algo para lo cual deben prepararse los oyentes. En otros lugares la predicación se describe como «dar testimonio» (griego *martyrein*; así Jn 1.7): Esta manera figurada de hablar del «mártir», subraya que el testigo reconoce totalmente y con todas las consecuencias lo que le es encargado y se identifica personalmente con ello. Muchas veces predicar también se describe como «enseñar» (griego *didaskein*; Mt 4.23; 5.2; Hch 5.42; Col 1.28). Este término deja muy en claro que la predicación trata fundamentalmente de la explicación de la verdad de Dios, la cual debe ser entendida. En el Nuevo Testamento existen otros términos relativos a la predicación, los cuales apuntan a ciertos aspectos de la proclamación. Aquí menciono solamente un término más, «estar en conversación con» (griego *homilein*; Lc 24.14; Hch 20.11). Esta palabra nos recuerda que la comunicación de la Palabra de Dios no solamente se da a través de monólogos desde el púlpito, sino que proclamación —especialmente en las pequeñas iglesias que se reunían en casas en el tiempo de los Apóstoles— muchas veces fue un «predicar» a través de una conversación instructiva y que se dio en un diálogo profesor/maestro-discípulo. Los Evangelios describen este tipo de práctica en el caso de Jesús (Mt 13.36ss) y también en el caso de Pablo encontramos incluso toda una noche de enseñanza en base al diálogo con miembros de la iglesia (Hch 20.7-11). Este carácter de conversación que tiene la enseñanza bíblica nos puede hacer recordar hoy, que aún la prédica en forma de monólogo no es una vía de un solo sentido, sino que es hecha pensando en el oyente y que quiere ser elaborada con miras a los oyentes.

3. La fuente de poder de la prédica

Que la proclamación bíblica tenga ese efecto que cambia vidas se fundamenta en la naturaleza de las Escrituras como Palabra de Dios. Esto lo mencionamos antes, refiriéndonos a 2Ti 3.16ss. De acuerdo con ello, los reformadores y los predicadores de avivamientos predicaron confiando en el poder de la Palabra de Dios. A lo largo de los siglos, el Evangelio ha sido la chispa que encendió la fe, y la Biblia interpretada la fuente de la juventud de la iglesia. Deberíamos llevar a cabo nuestro ministerio de predicación también el día de hoy confiando en el poder de esta palabra. Esto deberíamos hacerlo sin dejarnos impresionar por una falta de búsqueda de Dios en una sociedad cada vez más secularizada. Si algo puede cambiar a los seres humanos y las situaciones, es Dios por medio de su Palabra. Predicar es sembrar con esperanza la buena semilla que es la Palabra de Dios (Mt 13.3-8). Donde las iglesias crecen contra la corriente, allí muchas veces tienen bastante que ver la predicación y la forma en que se lleva a cabo el culto.[89] Lo contrario también es válido: iglesias y congregaciones liberales no crecen. Esto es: donde se critica la Biblia y se la relativiza, la proclamación mengua en cuanto a su perfil y su poder de convencer. Quién solo acepta la Biblia en ciertos casos, dependiendo de su evaluación personal de lo que dice el texto en el momento, obliga a los oyentes a someterse a sus juicios subjetivos. La Palabra bíblica se convierte en algo que solo es válido cuando el predicador la deja valer, con lo que se la relativiza y se la coloca al mismo nivel que otras valoraciones acerca de Dios y el mundo, con lo que un predicador tal «complace» regularmente a su iglesia. Es poco probable que una iglesia reconozca a un predicador tal como un abogado de la Palabra de Dios. Quizá esto sea el problema básico de muchas iglesias en el hemisferio occidental, que son partidarias de un protestantismo ilustrado, pero ya no «iglesias de la Palabra», en el sentido de los reformadores. Que estas iglesias estén estancadas, mientras que iglesias en otras partes del mundo experimentan un crecimiento nunca visto, no sorprende.

4. Predicar como arte que debe producir el hablar de Dios

Desde comienzos del nuevo milenio, la homilética en Alemania ha recibido nuevos impulsos desde los EE. UU. Bajo el nombre de «Homilética Dramatúrgica»[90] se adoptaron impulsos de la así llamada «New Homiletic», para darle vida al tema de la predicación. Y efectivamente de ella se puede aprender bastante en cuanto a cómo presentar un bosquejo emocionante para la predicación y saber narrar vívidamente. Sin embargo, un problema es que la «New Homiletic» se basa en un entendimiento de las Escrituras que viene de la Teología Kerygmática (la «New Hermeneutic») de las décadas de 1960 y 1970. Aquí el texto bíblico que se toma para la predicación no es considerado como palabra que tiene autoridad de parte de Dios, sino que el texto tiene que ser preparado retóricamente de tal manera, que se convierta (quizás) —como resultado— en Palabra de Dios para los oyentes.[91] Un representante inspirador de esta escuela de predicación es Eugene Lowry.[92] Aboga por desarrollar la predicación según el bosquejo dramatúrgico (o sea, la «trama») de una película. Esta dramaturgia lleva, por así decirlo, del «comezón» a «rascarse» con el resultado de que luego se llega al alivio. Entonces, primero se tiene que ver, en qué lugar se encuentra algo en el texto, que podría causar «comezón» en los oyentes, ya que sólo así se pueden esperar reacciones de ellos. Con este tema que da «comezón» comienza entonces la prédica y se desarrolla dramatúrgicamente: 1. Los oyentes son confrontados con el problema [«Uy»]. 2. El problema es profundizado y por medio de ello se construye una tensión [«Oh, ¿y ahora?»]. 3. El giro repentino (finalizando la prédica) que resuelva la tensión [«¡Por fin!»]. 4. Al final se da un final relajante, en el que se da un aspecto del Evangelio. [«Ahhh»].[93] Una forma tal de predicar puede ser, sin duda, muy emocionante, si es bien hecha. Aquí la prédica vive de la capacidad —de ese arte— del orador de poder narrar y de una manera inteligente de desarrollar el problema. Sin embargo, el texto de la Biblia apenas juega un papel. El texto es una fuente de inspiración en la medida en que un problema puede derivarse de este. Lowry no se enfoca en que el texto bíblico sea interpretado a fondo y de manera práctica para la vida. Lo importante para él es que al final «la Palabra de Dios» haya sido proclamada. Para Lowry, «predicar» y «proclamar la Palabra de Dios» son dos cosas diferentes. La predicación para él es el discurso humano que ha de ser presentado. Que la «Palabra de Dios haya sido proclamada», sucede recién cuando el oyente ha sido impactado por la trama dramática de la prédica y siente algo liberador. Este sentirse tocado subjetivo es interpretado como hablar divino. Lo dramático de la estructura de la prédica debe «evocar» en el oyente el sentimiento de un repentino alivio —y si se logra esto, entonces Dios ha hablado. La Palabra de Dios no está, entonces, predeterminada en las Sagradas Escrituras, en las que Dios habló una vez por todas, sino en el resultado de un proceso creativo que es animado por el encuentro entre el texto bíblico, el predicador y la situación del oyente. A las finales, la «Palabra de Dios» se convierte en una experiencia mística de revelación experimentada por el individuo, la cual —quizás (si es que le place a Dios)— es producida por el arte narrativo del orador. Posmodernamente correcto, entonces, verdad se convierte en algo subjetivo. Las expectativas respecto al poder de la retórica dramática aumentan enormemente. Una comprensión así de la predicación, para la cual también la piedad evangélica conservadora que se enfoca en experiencias podría estar propensa, es básicamente un contraproyecto a la predicación comunicativa-expositiva. En la predicación expositiva el predicador no tiene que evocar domingo tras domingo. Esto en sí ya es una total sobrecarga para él. El predicador, en cambio, tiene que predicar simple y llanamente, con todo esmero la Palabra de Dios, que fue dada una vez por todas, según cómo ésta desea ser entendida y de tal manera que hable a las situaciones de personas concretas.

Predicación como interpretación de la Biblia que apunta a la vida de los oyentes

5. Predicación es más que explicación de la Biblia

No hay que temer que la predicación expositiva tenga que consistir en cátedras aburridas y ajenas a la realidad de la vida en comparación con la homilética dramatúrgica.

La predicación no debe ser confundida con una clase de panorama bíblico o de exégesis. Claro está en tanto el panorama bíblico y la exégesis juegan un rol importante en la preparación de la prédica. El predicador tiene que conocer el texto sobre el cual va a predicar y el contexto en el cual éste se encuentra. Ningún predicador debe ahorrarse el trabajo de hacer una exégesis. Hay que entender que, si Dios nos habla por medio de su Palabra, cada esfuerzo vale la pena tratar de entenderlo como él lo ha pensado.[94] Pero el predicador no trae simplemente su escritorio al púlpito. La predicación no está lista cuando se ha terminado de hacer la exégesis. El trabajo básico ya está hecho, pero recién sólo la mitad. Una buena predicación es como una vela encendida por ambos lados. Está encendida tanto para el texto como para el oyente —y junta a ambos. En la prédica se debe, entonces, interpretar el texto bíblico aplicándolo a la situación específica de oyentes específicos. La predicación es entonces la comunicación contextualizada de un texto bíblico que da en el blanco.

6. Predicación con propósito como discurso dirigido

Al conocimiento básico de un predicador pertenece la percepción de que la Biblia persigue intenciones y, por lo tanto, es una palabra intencional. La palabra bíblica quiere lograr efectos espirituales. Ya los profetas sabían que la Palabra de Dios no vuelve vacía. (Is 55.11). La predicación de Juan el Bautista causa conversiones; al igual que la predica de Pedro en Pentecostés. El Sermón del Monte tiene la intención de dar a los oyentes de Jesús una base sostenible de vida (Mt 7.24). Como ilustran las parábolas, la Palabra produce una variedad de frutos (Mt 13.1ss, 18ss, 23). La Palabra reveladora que Jesús recibió de su Padre celestial y que encomienda a sus discípulos debe «santificar» sus vidas, esto es, hacerlos cada vez más parecidos a Dios. (Jn 17.8-17).

Los seres humanos que escuchan la voz del buen pastor encuentran en ello la salvación (Jn 10.27s). Por medio de la palabra de la cruz el ser humano experimenta salvación (1Co 1.17s; 15.1-5; Ro 1.15s). Y escuchando la Palabra de Dios predicada, Dios abre el corazón del ser humano (Hch 2.37; 16.14). La convicción de que Dios no ha dado su Palabra sin propósito, sino que quiere a través de su Evangelio causar el renacimiento, crear fe, dar forma a las convicciones y cambiar la vida, es parte del equipo básico de un predicador. Predicar no es, entonces, un verter sin propósito alguno lo que se ha trabajado en la exégesis (o lo que se ha leído en los comentarios). Quien haya descubierto en las Escrituras el tesoro de lo que Dios quiere decir y hacer que suceda, lo va a trasmitir a varones y mujeres como encargado de parte de Dios. Como cristiano, está convencido que de esta manera sus vidas son decisivamente enriquecidas.

Específicamente, se trata de obtener del texto una idea clara de lo que es la intención comunicativa de Dios con lo que está diciendo para los lectores y oyentes. Para formular una idea así y luego poder predicarla de una manera específica, es importante elegir el texto del sermón como una unidad de texto bien delimitada (perícopa) que en sí forma una unidad de significado, es decir, que abarque *un* tema específico. Este tema —al cual, por cierto, pueden aportar una serie de subtemas—se convierte en la idea central, de la cual va a tratar la predica (ver paso 9) . Ya la retórica secular sabe que buenos discursos no son un tiro de escopeta de diversos pensamientos, sino que desarrollan específicamente una idea. Los famosos «TED Talks» que han sido difundidos por internet a nivel mundial, son discursos, que —así dicen sus reglas— comunican una idea que vale la pena que se difunda. Esto sucede en un discurso de máximo 18 minutos de duración que está retóricamente muy bien pulido.[95] La experiencia demuestra que tales discursos tienen el potencial de inspirar a los oyentes a mover algo. Lo mismo sucede con las buenas prédicas. Estas necesitan una idea tan clara y central, cuya comunicación valga la pena.[96] Esta idea es teológicamente tan significativa, ya que se trata a las finales de la intención reveladora de Dios. Es por ello que se recoge la intención del texto bíblico, así como ésta se desarrolla en el texto mismo. Habiendo dicho esto, un buen predicador tiene que ser entonces un buen conocedor de la Biblia, para que pueda proclamar las Escrituras de una manera relevante para los oyentes.

7. Predicación como conversación con el oyente

El predicador debe ser un buen conocedor del ser humano. Al que le falta lo uno u lo otro se asemeja a un ave con sólo un ala. En el marco del giro empírico de la década de 1960, Ernst Lange definió —de manera algo deficitaria— lo que es lo más importante en una prédica: «Predicar significa: Yo hablo con el oyente acerca de su vida» (a la luz de la promesa).[97] Aquí el ala bíblica es coja. Se trata principalmente de la situación de vida del oyente. Las preguntas homiléticas más importantes en este contexto son: ¿para quién, cuándo, dónde y en qué situación predico? La pregunta acerca del objeto de la predicación que fue tan importante para los reformadores cuando éstos indagaban acerca del sentido literal del texto bíblico que se desea predicar, se convierte aquí en algo secundario. El texto que se utiliza para la predicación sólo es analizado respecto a si se puede escuchar el lenguaje de la promesa en él, sopesándolo con el lenguaje de los hechos fehacientes. Sobre la cama procusta[98] de esta pregunta se echa cada texto [bíblico] —como si cualquier texto quiera referirse a ella. La abundancia de los enunciados bíblicos de esta manera ya no está en la mira. Aquí yace la raíz de la pobreza bíblica y teológica de tantas prédicas actuales. Sin duda, también existe el problema inverso: prédicas ortodoxas hasta la médula pero que no dan en el blanco en la situación actual de los oyentes presentes. Uno escucha la predica, todo está correcto —pero como oyente uno se pregunta: «¿Y por qué nos estas diciendo todo esto? ¿Qué tiene que ver con nosotros?, y ¿Qué conmigo?» Se despliegan pensamientos correctos cuya relevancia no la entiende nadie. Con esto tampoco se gana nada. Olvidarse del oyente no es mejor que olvidarse de la Biblia en la homilética.

Como alguien que se preocupa por entender al ser humano, el predicador no solo tiene que comprender la vida, el presente y los hechos actuales, sino también tiene que preguntarse acerca de las secciones que concuerdan entre lo que el texto quiere decir y la situación actual de los oyentes. ¿Qué quiere decir el texto primero en la vida del predicador mismo? ¿Permite el predicador, ante todo, sin poner peros, que lo que Dios dice a través del texto sea válido para él mismo? El predicador que se somete a la Palabra de Dios será siempre el primer receptor de su propio discurso. ¿Cuán creíble sería si les predica a otros, pero no se incluye a sí mismo como receptor de lo que dice? Como alguien que se deja impactar a sí mismo por la Palabra de Dios, él puede ser un auténtico «parlante» de esta Palabra. Hay que preguntar con la misma insistencia: ¿En dónde impacta este enunciado bíblico concretamente la vida y lo cotidiano de mis oyentes? El predicador debe responder a esta pregunta prédica tras prédica. Dependerá de que no sea solo alguien que se quede en la teoría, una persona de escritorio, sino que sea alguien que conozca a las personas, a quien, como consejero, nada humano le sea ajeno, para que lo pueda hacer. Debe de interesarse por lo cotidiano y los problemas de su gente y construir de manera creativa puentes entre lo que el texto inspirado quiere y lo que el oyente real necesita.

Un buen predicador no supone que sus oyentes dominicales [...] ya tienen la atención enfocada en lo que el respectivo texto quiere decir y en lo que va a tratar la prédica. En el mejor de los casos puede presuponer que haya disposición a escuchar. Para poder hablar la Palabra de Dios de manera relevante en la vida de sus oyentes, el predicador buscará de manera creativa su atención. Para ello sirve la introducción de una prédica: ella captura a los oyentes y los lleva a la intención del texto —a la idea que es relevante para la vida de parte de Dios, acerca de la cual tratará la prédica. Pero buscar la atención de los oyentes no solamente sucede al inicio. Siempre cuando el predicador pasa de una sección a la otra en la unidad textual [que forma la base para la predicación], buscará despertar el interés de los participantes del culto en cuanto a la intención de la siguiente sección. Una vez despertada la atención del oyente, motivado a escuchar y a reflexionar con interés, el predicador explica el texto de manera clara y entendible, utilizando ilustraciones y aplicándolo a la vida cotidiana de los que lo escuchan.

Cada sección del texto puede ser explicada en base a este concepto básico (El esquema EIA: Explicar — Ilustrar — Aplicar). Un esquema así puede ser una ayuda conceptual, que puede variar en cualquier momento.

El arte de saber narrar (contar algo) juega un papel importante en las prédicas donde se ofrezcan ilustraciones y aplicaciones. De esta manera se vislumbra la vida real y lo dicho es un hecho aplicable. En lo que se narra se lleva la vida al púlpito. Es de suma importancia aprender a narrar para que la predicación se acerque a la vida y a los oyentes. Sin la habilidad de poder narrar ejemplos de una manera ilustrativa y cercana a la vida, la competencia en cuanto al tiempo, al mundo de lo cotidiano que mencionamos arriba, no se lograra una prédica vívida. Aprender a narrar es aún más importante el día de hoy, ya que vivimos en un mundo en el que se ha perfeccionado la producción de películas —desde comerciales hasta películas de televisión y cine o internet— que constantemente cuentan historias. De esta manera estos medios de comunicación marcan las expectativas y los hábitos de recepción del público. Al mismo tiempo, estos medios, así como también la literatura, en la que escritores muy expresivos narran problemas de la vida y del mundo, brindan buen material para ser utilizado como ejemplos. A esto se añade (esta es mi esperanza) observar atentamente la vida, por lo que los predicadores deberán mantener los ojos abiertos en la vida cotidiana. Y lo que se refiere al lenguaje y a hablar vívidamente, vale la pena aprender a narrar ilustrativamente leyendo una y otra vez en voz alta y animada diferentes narraciones, por ejemplo, también la ¡Biblia escrita para niños!

Una predicación que sirve a los oyentes no necesariamente tiene que ser corta. El mismo Jesús más bien predicó algo más extenso (Mr 6.34b), ¡pero nunca de manera aburrida! Para que la predica llegue al oyente, el discurso oral necesita algo de redundancia: esto quiere decir, las cosas tienen que desarrollarse lo suficiente y se deben «repetir» las mismas, para que no entre por un oído y salga por el otro, sino para lograr que los oyentes perciban conscientemente.[99] Es que nosotros también hablamos de manera redundante en nuestras conversaciones. El que habla de manera muy corta y precisa, como en un articulo de diccionario, sólo alcanzará a un grupo muy pequeño de oyentes que están acostumbrados a escuchar con mucha concentración [...]. Ser redundante no significa que uno deba repetirse muchas veces, sino desarrollar la misma cosa de distintas maneras y con un leguaje variado hasta que se haya encontrado la atención y la comprensión de los oyentes. El que exagera el tema de la redundancia va a aburrir a los oyentes y permitir que sus pensamientos comiencen a divagar.

Con lo que hemos llegado al último razonamiento: una prédica tiene que ser desarrollada de manera comunicativa respecto al lenguaje utilizado, la manera de hablar y al lenguaje corporal, para que con éxito tienda un puente del texto al oyente.

La prédica como discurso comunicativo

8. La prédica como discurso oral

Un discurso no es un escrito. El que predica da un discurso oral. [...] Nada impide que se desarrolle una prédica primero palabra por palabra de manera escrita. Especialmente a los predicadores principiantes esto les puede dar mayor seguridad. Escribir la prédica ayuda a medir el tiempo que va a durar y permite formular cosas de manera intencional y precisa. Sin embargo, el texto debe escribirse desde el principio como un discurso. Esto significa escribirlo utilizado oraciones cortas, con cierta redundancia necesaria (mencionada arriba), con un lenguaje entendible e ilustrativo —en fin, de la misma manera que uno hablaría con personas en la vida normal. Los oyentes que uno espera tener necesitan ser tratados de esta manera. Si se quiere llevar el manuscrito de la prédica al púlpito, se debería utilizar letras grandes y dividir el texto en párrafos pequeños para que sea fácil poder despegar la mirada de la hoja a menudo y encontrar sin problemas el comienzo de la siguiente oración. Pero lo mejor sería ir aprendiendo poco a poco a utilizar un bosquejo con palabras clave, para poder hablar lo más libremente posible, cara a cara con los oyentes.[100] De esta manera el oyente siente que el predicador lo percibe y que lo toma en serio. Esto fomenta enormemente la atención del oyente.

Para que un discurso libre [sin un manuscrito preformulado] tenga éxito también tiene que darse con una voz resonante y variable, cuya modulación transporte los más distintos contenidos con la expresión emocional apropiada. Este es un tema que no lo podemos desarrollar más detalladamente aquí. También nos falta espacio para ofrecer una guía respecto a cómo poder practicar y presentar los elementos tan importantes del lenguaje corporal, como presencia, contacto con los ojos, expresiones faciales, gestos, postura y la forma adecuada de vestir. Especialmente el predicador principiante necesita practicar todo esto contantemente, sino no lo va a lograr.[101] Pero también para el orador experimentado vale la pena seguir trabajando en su retórica. El discurso transporta el mensaje y cuanto mejor se logra comunicar, más se aprovecha para la prédica.

Sólo cabe mencionar un detalle más. Respecto a la retórica va a ser importante, cuantos más ancianos haya en la sociedad, hay que aprender a hablar (especialmente los predicadores jóvenes) de manera clara y articulada y lo suficientemente fuerte, incluso teniendo a disposición un micrófono, para que las personas en la ultima fila lo entiendan. [No hay que gritar], pero si hay que tener una presencia y dinámica con la voz, [adecuándola a los equipos en la iglesia] y al tamaño del lugar. No hay que olvidar que aquellos ancianos que tienen problemas para escuchar son parte importante de las personas a quienes queremos llegar como iglesia cristiana.

9. Aprender de actores para la predicación

Como ya fue mencionado, vivimos en la era de los medios de comunicación, en la que los hábitos de escuchar y ver de las personas se forman por las presentaciones perfectas de profesionales, la escenificación de espectáculos televisivos, eventos masivos y películas. Deberíamos tomar esto como un reto. Actores de películas y teatro han expresado de vez en cuando en el pasado su asombro acerca de la discrepancia que ven entre el enorme cuidado con el que preparan cada minuto que tienen a disposición para sus presentaciones […] y cuán poca atención y preparación les brindan a sus presentaciones los que presentan los contenidos espirituales (que por su naturaleza pretenden ser mucho más importantes).[102] Aquí podrían aprender bastante de los actores, con un poco de dedicación, los que proclaman la Palabra de Dios. La estadounidense Jana Childers, especialista en teología práctica y en ciencias de teatro trata este tema de manera detallada en un libro.[103] Ella retrata vívidamente la cantidad de entrenamiento y la cantidad de veces que los actores tienen que practicar y volver a practicar sus papeles, hasta llegar a ser capaces de servir a un autor y lo que éste quiere decir. Ellos se entregan totalmente al texto, ya sea una obra de teatro o el guion de una película, para que de esta manera logren una reproducción fiel. Sus sentimientos, voz, forma de hablar, expresiones faciales, gestos, energía y presencia corporal son puestos totalmente al servicio de la comunicación, más aún, son puestos al servicio de la personificación de lo que otra persona quiere decir. Una actuación de calidad no significa «pretender», sino, más bien, significa una identificación total con el papel al que se dedica con sus sentimientos más profundos y la respectiva expresión externa. Los predicadores pueden aprender de los actores cuando se dedican íntegramente al servicio del texto y de su autor para dirigirse a su audiencia. Sobre todo, ya que se ven desde hace siglos como «siervos de la palabra divina» (*verbi divini minister*), esto podría llevar a que se presenten prédicas más vivas, comprometidas, expresivas y con plena identificación, en las cuales el predicador hace todo el esfuerzo necesario para servir a sus oyentes con la palabra bíblica.

Finalmente

«Predicar — ¿Cómo funciona esto?» A esta pregunta se respondió en el sentido de una predicación expositiva comunicativa. Vivimos en un tiempo emocionante con muchas posibilidades. La era de la predicación de ninguna manera ha terminado. Sigue siendo el medio central con el que Dios habla al ser humano y lo transforma. Una predicación tal tiene futuro, ya que sigue siendo válido lo que dice Jesús en Mt 24.14: «Y se predicará la Buena Noticia acerca del reino por todo el mundo, de manera que todas las naciones la oirán, y entonces vendrá el fin». (NTV).

La corbata de la predicación
(comenzar «a lo grande»)

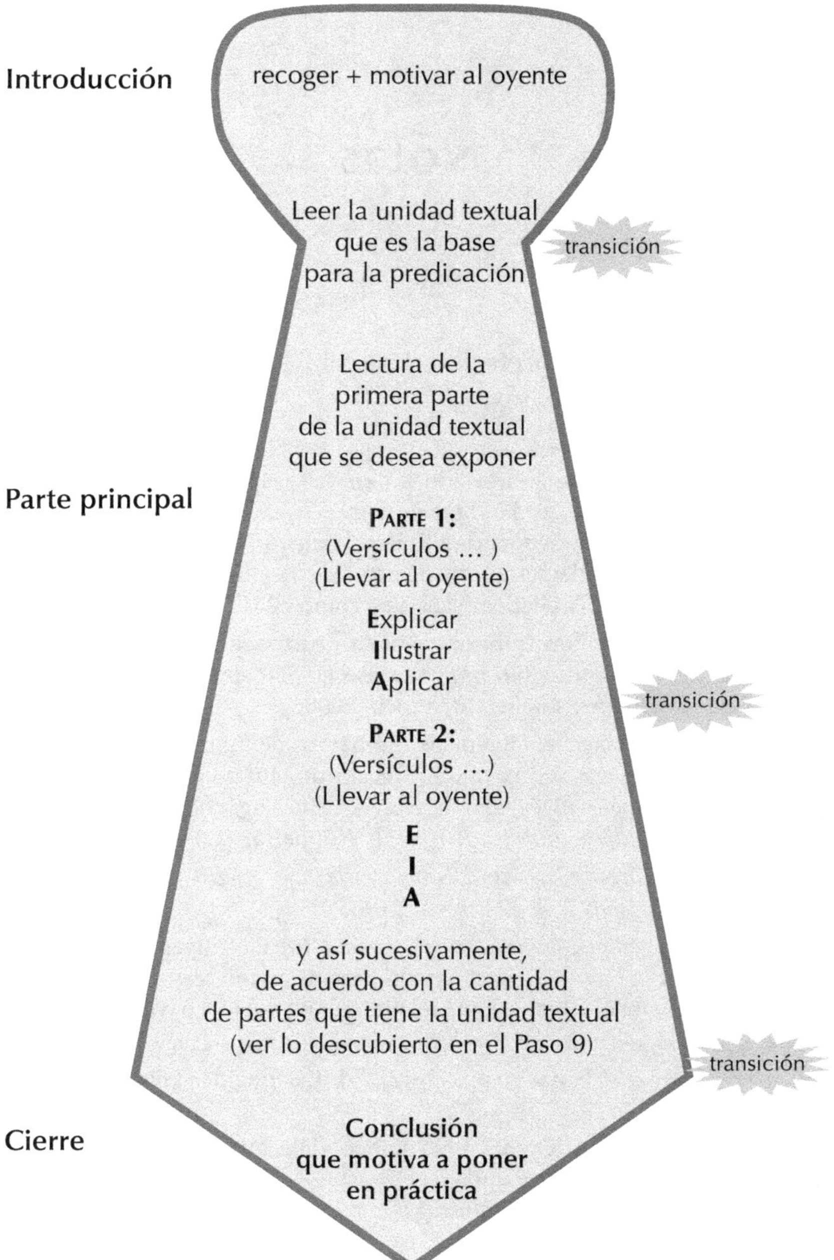

Introducción

Parte principal

Cierre

Notas

Parte 1

Introduccion a la interpretacion de la Biblia
según las Escrituras y el texto

1. Lo descrito en la sección que sigue se basa —revisado a fondo y considerablemente abreviado— en el capítulo «Prinzipien der Bibelinterpretation» en H. Stadelmann: *Grundlinien eines bibeltreuen Schriftverständnisses*. Wuppertal: R. Brockhaus, 1985 [3. Aufl.1996] y en el material de trabajo del seminario acerca del Nuevo Testamento por H. von Siebenthal en la FTH Gießen (siclo de verano 2001).

2. Acerca del debate con la hermenéutica postmoderna que cuestiona en gran medida este principio básico, véase H. Stadelmann (Ed.), *Den Sinn von Texten verstehen*. Gießen: Brunnen, 2006.

3. Así es como K. Haacker cita los pensamientos de Julius Schniewind: «Der reformatorische Ansatz in der Schriftauslegung Julius Schniewinds». — En *Biblische Theologie als engagierte Exegese: Theologische Grundfragen und thematische Studien*, pp. 90-101 [p. 93]. Wuppertal: R. Brockhaus, 1993.

4. G. Maier: *Heiliger Geist und Schriftauslegung*, pág. 27, Theologie und Dienst 34. Wuppertal: R. Brockhaus, 1983.

5. H. J. Iwand: *Predigt-Meditationen*, pp. 94s. 4. Ed. Göttingen: V&R, 1984. Al comienzo de la cita de Bengel hay un paréntesis con tres puntos. Allí está escrito en la cita original la cita en latín que Iwand luego traduce.

6. K. Heimbucher. «Zukunft durch Umkehr zur Bibel». — En *Zukunft durch Umkehr*, pp. 42-58 [Citas en pp. 43-48]. Ed. T. Schneider. Gießen: Brunnen, 1998.

7. Véase H. W. Neudorfer / E. J. Schnabel: «Die Interpretation des Neuen Testaments in Geschichte und Gegenwart». — En *Das Studium des Neuen Testaments*. Vol. 1: *Eine Einführung in die Methoden der Exegese*, pp. 13-38. Wuppertal: R. Brockhaus, 1999.

8. Véase M. Dreytza, W. Hilbrands y H. Schmid: «Vorwort». — En *Das Studium des Alten Testament: Eine Einführung in die Methoden der Exegese*, pp. 12-13. Wuppertal: R. Brockhaus, 2002.

9. U. Wendel (Hg.): *Dem Wort Gottes auf der Spur: 21 Methoden der Bibelauslegung*, p. 8. Witten: SCM R. Brockhaus, 2015.

10. Véase H. Stadelmann: *Evangelikales Schriftverständnis: Die Bibel verstehen — der Bibel vertrauen — der Bibel folgen*. Hammerbrücke: Jota, 2005.

11. Con estas palabras se despidió Karl Barth de sus alumnos en Bonn, durante un campamento bíblico para estudiantes de la Iglesia Confesante, después de que los nacionalsocialistas le habían prohibido seguir enseñando (citado en base a E. Busch: *Karl Barths Lebenslauf: Nach seinen Briefen und autobiographischen Texten*, p. 272. 4. Ed. revisada. München: Chr. Kaiser, 1986).

12. **La división del Antiguo Testamento en capítulos y versículos:** La división actual del AT en capítulos se realizó recién en el siglo 13 d. C. El arzobispo de Canterbury, Stephan Langton, dividió por primera vez de esta manera el texto de la traducción del AT al latín, la famosa Vulgata. Desde ese entonces, este tipo de división también fue usado para los manuscritos hebreos. La división en versículos como los tenemos en nuestras traducciones recién se inventó en el siglo 16 d. C. (¡tres siglos más tarde que la división en capítulos!). Pero los masoretas, copistas y transmisores del texto hebreo y arameo del AT, cuya labor fue realizada entre los siglos 7 y 10 d. C., ya solían dividir el texto en lo que llamaríamos «versículos». Sin embargo, esta forma difiere de la numeración de versículos que conocemos en nuestras traducciones al español. Un último dato: en los manuscritos que se encontraron en las cuevas de Qumrán (los textos más antiguos que existen del AT, aprox. mil años más antiguos que los mejores textos conservados de los masoretas de la Edad Media) ya se pueden notar ciertas divisiones del texto en secciones. Esta división en secciones sirvió a los esenios de Qumrán para cuestiones litúrgicas, es decir, que cumplían una función pedagógica, y presupone que en el judaísmo antiguo ya existían estos tipos de divisiones. Luego, en el tiempo de los rabinos se dividió el texto hebreo en secciones para poder leerlo en el lapso de cierto tiempo. En Palestina se solía leer toda la Biblia hebrea (el Antiguo Testamento) en el lapso de 3 años. Para ello, la dividieron adicionalmente en 452 secciones. (Dreytza; Hilbrands, Schmidt, *Das Studium des Alten Testaments: Eine Einführung in die Methoden der Exegese*, Gießen: Brunnen; Wuppertal: Brockhaus, 2002, pp. 44-45 y p. 73).

    La división del Nuevo Testamento en capítulos y versículos: También la división del Nuevo Testamento en capítulos, como la conocemos el día de hoy, fue hecha por Stephan Langton, arzobispo de Canterbury (quien murió en el año 1228 d. C.). En cambio, la división del NT en versículos fue hecha por el librero parisino Robert Étienne (conocido en latín como

Stephanus). Étienne utilizó la división en versículos por primera vez en su versión griega del NT de 1551. (G. Hörster, «2. Textkritik», en H-W. Neudorfer y E. J. Schnabel (Eds.), *Das Studium des Neuen Testaments*, Wuppertal: Brockhaus, 2006, p. 40.).

Respecto a la subdivisión de los textos de los libros del Nuevo Testamento antes de Langton, se recomienda leer el primer capítulo del libro de E. Walder, *Una Introducción a la Crítica Textual del Nuevo Testamento*, Lima: Ediciones Puma, 2017, especialmente la sección «Ayuda para la lectura privada» pp. 19-20, y «Ayuda para la lectura pública», p. 20.

13. Un ejercicio similar, que vale la pena hacer, es preparar una tabla comparativa en base a Eclesiastés 1-4, haciendo las mismas preguntas que se hicieron en base a la tabla comparativa de Jn 5, esto agudizará nuestros ojos en cuanto a esta problemática.

14. Dreytza; Hilbrands; Schmid, *Das Studium des Alten Testaments: Eine Einführung in die Methoden der Exegese*, Gießen: Brunnen; Wuppertal: R. Brockhaus, 2002, p. 73 (Traducción: D. Poganatz).

15. Ibid.

16. Adaptación de Ibid, pp. 73-74.

17. Es interesante notar que la NTV traduce con «amor inagotable» (v. 18), «compasión» (v. 19) y «fidelidad y amor inagotable» (v. 20), para lo que RV60 solamente utiliza «compasión». Estos son términos que denotan aspectos de la «misericordia» y la explican de cierta manera. En el texto hebreo el mismo término se usa en vv. 18 y 20 (traducido con «misericordia» / «amor inagotable»), mientras que el adjetivo en v. 19 (traducido con «misericordia» / «compasión») es un término distinto, cuyo sentido va más en dirección al término con el cual lo traduce la NTV. Pero ambos términos pertenecen al mismo grupo de palabras respecto a su rango de significados.

18. Comparar con la delimitación y el título que presenta la *Biblia de Estudio Harper/Caribe* [RV60]: «3. Trato del que ofende. a. Disciplina den la iglesia». El subtítulo abarca en este caso los vv. 15-20.

William Hendriksen, *Comentario al Nuevo Testamento: El Evangelio según San Mateo*, Grand Rapids: Libros Desafío, 2007, también lo ve de esta manera y dice: «La disciplina eclesiástica debe ser un asunto de recurso final: "Si un hermano peca contra ti, ve y muéstrale su falta mientras estás a solas con él, etc." Los pasos en la disciplina (vv. 15-20).»

19. R. T. France, «The Gospel of Matthew», *The New International Commentary of the New Testament*, Grand Rapids: Wm. B. Eerdmans, 2007, p. 695.

20. Comparar con Ibid., p. 694.

21. Ibid.

22. Comparar con Ibid., p. 696.

Parte 2

Diez pasos hacia una interpretación de la Biblia según las Escrituras y el texo

23. Informaciones útiles acerca de lo que es la meditación en la preparación de una prédica se encuentran en H. Stadelmann: *Evangelikale Predigtlehre: Plädoyer und Anleitung für die Auslegungspredigt.* Cap. 2.4. Witten: SCM R. Brockhaus, 2013.

    Ver en idioma español también James E. Rosscup, «La prioridad de la oración y la predicación expositiva»; en J. F. MacArthur Jr., *La predicación: Cómo predicar bíblicamente.* Traducido por Javier A. Quiñones Ortiz. La biblioteca del pastor. Nashville; Dallas; México DF; Río de Janeiro; Beijing: Grupo Nelson, 2009.

24. U. Eco: *Lector in fabula: Die Mitarbeit der Interpretation in erzählenden Texten*, p. 31. München: Hanser, 1987.

    Versión en español: Umberto Eco: *Lector in Fabula: La cooperación interpretativa en el texto narrativo*, Palabra en el Tiempo 142, Traducción de Ricardo Pochtar. Barcelona: Editorial Lumen, 1993.

Paso 1

25. A. Schlatter: «Atheistische Methoden in der Theologie?» — En: Zur Theologie des Neuen Testamentes und zur Dogmatik, p. 142. Ed. U. Luck. München: Chr. Kaiser, 1969.

26. Los primeros cinco libros del Antiguo Testamento (el traductor/editor)

27. Forma en la cual se solía trasmitir las Escrituras en el marco del contexto cultural de Josué y Salmo 1, mucho antes de que se invente el libro (el traductor/editor).

28. Respecto a lo precedente comparar con Rudolf Bohren. Predigtlehre, pp. 349-348. 6. Ed. Gütersloh: Chr. Kaiser, 1993 y Michael Herbst / Matthias Schreiber. ... *wir predigen nicht uns selbst: Ein Arbeitsbuch für Predigt und Gottesdienst*, p. 49. Neukirchen-Vluyn: Aussaat, 2001.

29. U. Wendel (Ed.): Dem Wort Gottes auf der Spur, p. 10.

Paso 2

30. Pero «fieles al sentido».

31. Pero «fiel al sentido».

32. G. D. Fee/D. Stuart: *Effektives Bibelstudium: Die Bibel verstehen und auslegen*, p. 41, 7ª ed. Gießen: Brunnen, 2015. El lector hispano tiene a su disposición el libro de G. D. Fee y D. Stuart también en español: *Lectura Eficaz de la Biblia*, Nueva edición, Miami: Vida, 2007, p. 34.

Paso 3

33. H. Echternach: «Was heißt Inspiration?» En *Theologische Beiträge* 9 (1978), p. 122s.

34. J. van Bruggen: *Wie lesen wir die Bibel? Eine Einführung in die Schriftauslegung*, p. 98. Neuhausen: Hänssler, 1998.

35. Algunos llaman a este período también: el período del «cristianismo primitivo».

Paso 4

36. *Diccionario de la Real Academia Española*, 2014. Ed. online. http://lema. rae.es/drae/?val=contexto

37. Algunos hablan también de «géneros literarios».

38. La siguientes preguntas fueron tomadas de H. Schmid: «Verhältnis zum Kontext». — En *Das Studium des Alten Testaments*, p. 101.

Paso 5

39. La diferencia entre formas literarias grandes y pequeñas la hemos basado en M. Reiser: *Sprache und literarische Formen des Neuen Testaments: Eine Einführung*. UTB 2197. Paderborn: Schöningh, 2001.

40. Conocidas en la literatura también como «leyes casuísticas».

41. En base a: Nueva Versión Internacional.

42. En base a: Nueva Traducción Viviente.

43. En base a: Nueva Traducción Viviente.

44. Latín = Paralelismo de los miembros

45. Salvo en repeticiones literalmente iguales.

46. Vea W. Klippert: *Vom Text zur Predigt*, 11. Ed. Witten: SCM R. Brockhaus, y B. Janowski: *Konfliktgespräche mit Gott: eine Anthropologie der Psalmen*, 4. Ed. Neukirchen-Vluyn; Neukirchener Verlag, 2013.

    En español se recomienda ver: Lynell Zogbo, Ernst Wendland: «La poesía del Antiguo Testamento: pautas para su traducción», *Guías para la exégesis y traducción de la Biblia*, Miami: Sociedades Bíblicas Unidas, 1989; John Day: *Los Salmos: Introducción a la Interpretación del Salterio*, Barcelona: Clie, 2006, y Jorge A. Gonzales: *Tres Meses en la escuela de los Salmos*, Nashville: Abingdon Press, 1998.

47. Otros autores hablan en vez de tipos de Salmos, de «géneros literarios de la poesía hebrea» (Lynell Zogbo, Ernst Wendland: «La poesía del Antiguo Testamento: pautas para su traducción», p. 16ss).

48. Todas las citas provienen de G. D. Fee: *New Testament Exegesis: A Handbook for Students and Pastors*, pp. 28-29. [traducidas al alemán por

H. von Siebenthal y al español por V. Chocano y D. Poganatz]. Ed. Rev. Louisville: Westminster/John Knox, 1993.

El libro de G. D. Fee también existe en traducción al español: Gordon D. Fee: *Exégesis del Nuevo Testamento: Manual para Estudiantes y Pastores*, Miami: Editorial Vida, 1992.

Véase también M. Reiser: *Sprache und literarische Formen*, p. 98-130. Las pautas o directrices básicas para la interpretación de los géneros literarios del AT se pueden aplicar conforme al sentido también a los géneros literarios del NT.

49. G. D. Fee diferencia en su libro entre cartas y epístolas. En este libro no se hace esta diferenciación, sino que se utiliza solo el término carta (Nota del traductor y editor del libro, D. Poganatz).

50. Torá = 5 primeros libros del AT (Gn, Éx, Lv, Nm, Dt).

51. Palabras de Jesús en primera persona. (Comentario del traductor/editor).

52. En castellano también: «Apotegmas».

53. Bultmann distingue entre «transmisión de palabras» y «tradición narrativa».

54. Otros hablan en este contexto de «leyendas» pero, por causa de prejuicios histórico-críticos, esto incluye una opinión negativa acerca de la historicidad de estos relatos.

55. A. Jülicher: *Die Gleichnisreden Jesu*. Vol. 2: *Auslegung der Gleichnisreden der drei ersten Evangelien*, p. 495. Freiburg: Mohr 1899.

56. Es interesante notar que las traducciones al español le ponen mayormente este título a la perícopa. Como intérpretes nos podríamos preguntar, si este es el título más adecuado para esta perícopa. ¿Porqué no nombrar esta parábola: «la parábola de los cuatro tipos de tierra de cultivo»? Hacer algo así sería absolutamente legítimo, ya que los títulos de las divisiones en perícopas en las versiones traducidas al español (o a cualquier otro idioma) no forman parte de los manuscritos más antiguos que tenemos tanto del AT como del NT y por ello no son inspirados. (Anotación del traductor y editor de este libro).

57. La NTV anota en su pie de página: «3:1 [...]. Pablo completa este pensamiento en el versículo 14: *caigo de rodillas y elevo una oración al Padre*».

58. En las traducciones al español, muchas veces esta figura literaria ya esta resuelta, por la colocación de una conjunción en el lugar adecuado. (Anotación del traductor y editor de este libro).

59. Los ejemplos se toman, como se puede ver a continuación, de la versión Reina Valera 1960 (RV60). Esta versión tiende a ser muy fiel al original, en el sentido de que trata de reflejar también la forma de ordenar las palabras del texto hebreo/arameo (AT) y griego (NT) (Esto es, a veces, la razón por la que la RV60 puede sonar raro a nuestros oídos, que están acostumbrados

a escuchar un español actual con una gramática distinta). Es por ello que ejemplificar un quiasmo en el AT mayormente solo funciona en base a la RV60 o a una traducción muy literal como la Biblia Textual. Las otras versiones/traducciones ya resuelven esta figura literaria y ponen el texto de una manera más fácil de entender hoy en día, pero perdiendo en parte lo que construyen tan artísticamente los poetas del AT. La traducción de la poesía hebrea representa un reto muy grande, ya que se debe equilibrar un lenguaje actual con la forma artística, distintiva, de la poesía hebrea. (Anotación por el traductor y editor de este libro).

60. En el texto hebreo esta palabra se ha omitido. Las traducciones, incluso la RV60, ya resuelven esta figura literaria incluyendo la palabra que el autor de Ruth sobreentiende y omite en el texto hebreo. (Comentario del traductor y editor de este libro).

61. Aquí la Biblia textual (BTX) es la que traduce el texto con el endíadis que se encuentra en el texto en hebreo. Las demás traducciones usuales suelen «normalizar» esta forma de hablar. (Anotación del traductor y editor de este libro).

Paso 6

62. Explicado y argumentado con más detalle por A. Buchholz: *Schrift Gottes im Lehrstreit. Luthers Schriftverständnis und Schriftauslegung in seinen drei großen Lehrstreitigkeiten der Jahre 1521-28*. Gießen: Brunnen, 2007.

63. J. van Bruggen: *Wie lesen wir die Bibel?*, p. 87.

64. En la versión alemana de este libro se recomienda utilizar: *Elberfelder Studienbibel mit ihrem Sprachschlüssel*.

65. Rienecker, Fritz: *Clave lingüística del Nuevo Testamento griego*. Buenos Aires: Ed. La Aurora, 1986.

    En la versión alemana de este libro se recomienda utilizar W. Haubeck /H. von Siebenthal: *Neuer sprachlicher Schlüssel zum griechischen Neuen Testament: Matthäus — Offenbarung*. 3. Aufl. Gießen: Brunnen, 2015.

66. Estas plataformas digitales ofrecen la posibilidad de presentar el texto bíblico en español de manera interlineal con el texto hebreo, arameo o griego. Esto facilita la identificación de los términos en hebreo, arameo o griego de los cuales derivan las palabras correspondientes en español. Muchas veces basta un clic en la palabra en el idioma original y el interprete recibe las informaciones gramaticales y semánticas necesarias para entender el término en una primera instancia y también obtiene enlaces a los diccionarios, concordancias o comentarios en donde puede encontrar más información. [Anotación adicional del editor de la traducción al español].

67. U. Wendel: *Dem Wort Gottes auf der Spur*, p. 88.

Paso 8

68. En el ámbito español, conocemos estos libros con el nombre del «Pentateuco», nombre que los traductores de la Septuaginta (traducción al griego del texto hebreo original) dieron a los primeros cinco libros del AT. Estos cinco primeros libros del AT le son tradicionalmente adjudicados a Moisés. (Nota del traductor).

69. M. Lloyd-Jones: *La predicación y los predicadores*, p. 74. 2ª Ed. Español, Moral de Calatrava: Editorial Peregrino, 2010.

70. Ibid., pp. 74-75.

71. K. Haacker: *Neutestamentliche Wissenschaft: Eine Einführung in Fragestellungen und Methoden*, 2. Verbesserte und erweiterte Aufl. Wuppertal: R. Brockhaus, 1985.

Paso 9

72. Por eso nuestro paso 9 también es casi idéntico a la sección 2.3.2 en H. Stadelmann: *Kommunikativ predigen*, pp. 128-135, Witten: SCM R. Brockhaus, 2013. Allí también se muestra cómo sigue el camino hacia una prédica.

   Para la edición en español de este libro se decidió añadir un capitulo adicional al final del libro, que resume lo esencial del libro de H. Stadelmann mencionado en esta nota.

73. H. Hirschler: *biblisch predigen*, p. 219. 2.Ed. Hannover: Lutherisches Verlagshaus, 1988.

74. H.W. Robinson: *Predige das Wort: Vom Bibeltext zur lebendigen Predigt*, p. 51. Nueva ed. Dillenburg: CV, 2013.

75. Robinson: *Predige das Wort*, p. 52.

76. Aquí hemos formateado el objeto del texto en cursiva, lo cual recomendamos por razones de práctica.

Paso 10

77. Las explicaciones acerca del paso 10 provienen del siguiente libro de H. Stadelmann y han sido editadas y resumidas considerablemente: «Heilsgeschichtliches Denken als Hilfe für die Schriftauslegung». — En *Grundlinien eines bibeltreuen Schriftverständnisses*, pp. 122-133.

78. E. Lubahn: *Mit der Bibel arbeiten — eine Verstehenshilfe*, p. 88. 2. Ed. Wuppertal: R. Brockhaus, 1981.

79. Para lo siguiente véase E. Lubahn: *Heilsgeschichtliche Theologie und Verkündigung: Mit Beiträgen von Otto Michel*, pp. 36-59. Stuttgart: Christliches Verlagshaus, 1988.

80. Una representación clara con la evidencia respectiva para la reasignación de los Diez Mandamientos en el Nuevo Testamento se puede encontrar en la *Biblia de Estudio MacArthur* (que existe también en versión e-sword) [acerca del pasaje Éx 20.1-17].

81. Compare las preguntas y los comentarios detallados en relación a una aplicación según las Escrituras y el texto en H.G. y W.D. Hendricks: *Bibellesen mit Gewinn: Ein Handbuch für das persönliche Bibelstudium.* pp. 289-352. Dillenburg: cv 1995.

Comentarios acerca de la elaboración escrita de una exégesis según el texto y las Escrituras en base al método de los diez pasos

82. Informaciones útiles acerca de la meditación en preparación para una prédica se encuentra en H. Stadelmann: *Kommunikativ predigen,* Cap. 2.4 (pp. 136-160).

83. Informaciones útiles acerca de la preparación, redacción y presentación de una prédica se encuentra en el libro antes mencionado en cap. 3 (pp. 161-239).

La predicación expositiva y comunicativa: un posicionamiento

84. Respecto a cómo entiende Lutero la predicación, ver H. Stadelmann, «Die Predigt bei Martin Luther», en: B. Schwarz (Ed.), *Martin Luther: Aus Liebe zur Wahrheit*, Dillenburg / Nürnberg 2016, pp. 151-163.

85. Comp. R. Hille, «Die Predigt als Wort Gottes: Grundzüge einer prinzipiellen Homiletik», en: St. Schweyer / Ph. Bartholomä (Ed.), *Mit der Bibel — Für die Praxis: Beiträge zu einer praktisch-theologischen Hermeneutik*, Gießen 2017, pp. 163-178.

86. En cuanto a ello más en H. Stadelmann, «Eckdaten evangelikaler Hermeneutik», en: Id., *Evangelikales Schriftverständnis*, Hammerbrücke [3]2008, pp. 91-144. Igualmente Cap. 5 «Hermeneutische Grundentscheidungen» en H. Stadelmann / St. Schweyer, *Praktische Theologie*, Gießen 2017, pp. 54-70.

87. El principio de la predicación expositiva se desarrolla más a fondo en H. Stadelmann, *Kommunikativ predigen: Plädoyer und Anleitung für die Auslegungspredigt*, Witten 2013, especialmente p. 24ss.

88. Ph. Bartholomä, «Die Gnade kommunizieren: Plädoyer für die Evangeliumszentrierte Predigt», in: St. Schweyer / Id. (Hg.), *Mit der Bibel — für die Praxis*, Gießen 2017, pp. 179-196.

89. Thom Rainer, *Effective Evangelistic Churches: Successful Churches Reveal what Works and what Doesn't*, Nashville 1996, pp. 14s y 49ss.

90. Por ejemplo, Martin Nicol, *Einander ins Bild setzen: Dramaturgische Homiletik*, Göttingen [2]2005.

91. Comp. al respecto H. Stadelmann, «Postmoderne Hermeneutik und christliche Predigt: Zum Umgang mit biblischen Texten in der neueren Praktischen Theologie und der "New Homiletic"», in: S. Grosse / H. Klement (Hg.), *Für eine reformatorische Kirche mit Biss*, Wien / Berlin 2013, pp. 67-86.

92. E.L. Lowry, *The Sermon: Dancing the Edge of Mystery*, Nashville 1997.

93. Ibid., pp. 74-89.

94. Este libro justamente desea ayudar a predicadores que no dominan el hebreo y el griego, a que realicen una exégesis en base a las distintas traducciones de la Biblia al español.

95. Chr. Anderson, TED *Talks: Die Kunst der öffentlichen Rede*, Frankfurt 2017; así como https://www.ted.com.

96. Especialmente subrayado por H. Robinson, *Predige das Wort*, Dillenburg 2001, cuyo concepto de predicación parte de la «big idea», [la gran idea] que es el sentido central que resume una perícopa.

97. Ernst Lange, «Zur Theorie und Praxis der Predigtarbeit», in: ders. /P. Krusche / D. Rössler (Ed.), *Zur Theorie und Praxis der Predigtarbeit*, Stuttgart 1968, p. 58.

98. En cuanto a la «cama procusta»: ver y comparar: Miguel Luna Revoredo, «El propósito de los sermones», en Dirk Poganatz y Ernst Walder (Eds.), *El culto, el sermón y la vida cristiana*, Jornada Teológica / número 1, Lima: Ediciones Puma y Asociación Educación Teológica por Extensión — ETE PERÚ, 2019, p. 118.

99. K.W. Dahm, «Hören und Verstehen: Kommunikantionssoziologische Überlegungen zur gegenwärtigen Predigtnot», en: A. Beutel /V. Drehsen / H.M. Müller (Eds.), *Homiletisches Lesebuch: Texte zur heutigen Predigtlehre*, Tübingen 1986, pp. 247-248.

100. V.A. Lehnert, *Kein Blatt vor'm Mund: Frei predigen lernen in sieben Schritten: Kleine praktische Homiletik*, Neukirchen-Vluyn 2006.

101. Ver para los detalles H. Stadelmann, *Kommunikativ predigen*, Witten 2013, pp. 195-239 (especialmente p. 230ss).

102. Th. Kabel, *Handbuch Liturgische Präsenz: Zur praktischen Inszenierung des Gottesdienstes*, Vol. 1 Gütersloh 2002, p. 15s.

103. J. Childers, *Performing the Word: Preaching as Theatre*, Nashville 1998; comparar con H. Stadelmann / St. Schweyer, *Praktische Theologie*, Gießen 2017, pp. 246-248 ("Aspekt 11: Von Darstellern für die Predigt lernen" [Aspecto 11: Aprender de actores para la predicación]).

Resumen de herramientas importantes para la interpretación práctica de la Biblia usando *el método de los diez pasos*

«Literatura básica que debería poder consultar» *en cuanto al paso 1*

Familiarizarse con el texto

Para familiarizarse con la Palabra de Dios, recomendamos el uso paralelo de varias traducciones desde **traducciones más literales** como la:

- *Reina Valera 1960*, (RV60) por Sociedad Bíblica en América Latina;
- *La Biblia textual* (BTX) por Sociedad Bíblica Iberoamericana;

traducciones a un español más actual y entendible, pero que al mismo tiempo buscan ser fieles al texto original, las así llamadas traducciones dinámicas-equivalentes como son:

- *La Biblia de las Américas* (LBLA) por Lockman Foundation;
- *Nueva Versión Internacional* (NVI) por Sociedad Bíblica Internacional;
- *Nueva Traducción Viviente* (NTV) por Tyndale House Publishers;
- *Reina Valera Contemporánea* (RVC) por Sociedades Bíblicas Unidas;

traducciones más explicativas como la:

- *Dios Habla Hoy* (DHH) por Sociedades Bíblicas Unidas y la
- *Traducción en Lenguaje Actual* (TLA) por Sociedades Bíblicas Unidas.

Estas versiones existen también en línea. Una lista bastante completa de las traducciones de la Biblia al español ofrece Wikipedia al buscar «Traducciones de la Biblia al español». Usted obtendrá informaciones útiles en cuanto a la introducción de la unidad textual que Ud. desea interpretar, p. ej. por medio de la:

- *Biblia de estudio MacArthur*, Editorial Portavoz, 2004.

«Literatura básica que debería poder consultar» en cuanto al paso 2

Determinar la base textual

Puede obtener información sobre muchos de los términos hebreos, arameos o griegos más importantes que forman la base de la traducción al español en la:

- *Biblia de Estudio Palabra Clave: Con Diccionarios Hebreo y Griego*, Editorial Patmos, 2017.

Si Ud. maneja el alfabeto hebreo y griego, o desea manejarlo, también puede utilizar las así llamadas versiones/traducciones interlineales del AT y NT:

- Ricardo Cerni Bisbal, *Antiguo Testamento Interlineal Hebreo-español: Pentateuco*, Tomo i, Viladecavalls: CLIE, 1997.
- Ángel Sáenz-Badillos, *Antiguo Testamento Interlineal Hebreo-español: Libros Históricos*, Tomo ii, Viladecavalls: CLIE, 1997.
- Francisco Lacueva Lafarga, *Antiguo Testamento Interlineal Hebreo-español: Libros Históricos ii y Libros Poéticos*, Tomo iii, Viladecavalls: CLIE, 1997.
- Ricardo Cerni Bisbal, *Antiguo Testamento Interlineal Hebreo-español: Libros Proféticos*, Tomo iv, Viladecavalls: CLIE, 2002.
- Francisco Lacueva, *Nuevo Testamento Interlineal Griego-español*, Terrassa: CLIE, 1984.

También se puede utilizar la plataforma virtual: www.logosklogos.com En cuanto a preguntas respecto a la transmisión de los textos bíblicos puede consultar los siguientes libros:

- Alejandro Diez Macho, *Manuscritos hebreos y arameos de la Biblia*, Roma. 1971

- Elvira Martín Contreras; Guadalupe Seijas de los Ríos-Zarzosa, *Masora: La transmisión de la tradición de la Biblia Hebrea*, Estella: Verbo Divino, 2010.
- Ernst Walder, *Una introducción a la crítica textual del Nuevo Testamento*, Lima: Ediciones Puma, 2017.
- José O'Calaghan, *Introducción a la crítica textual del Nuevo Testamento*, Navarra: Verbo Divino, 1999.
- Luciano Jaramillo Cárdenas, *¡Fidelidad! ¡Integridad!*, Miami: Vida, 2001.
- Roselyne, Dupont-Roc, *Los manuscritos de la Biblia y la crítica textual*, Navarra: Verbo Divino, 2000.
- Las versiones en los idiomas originales tanto del AT como del NT.

Bibliografía adicional

- Florentino García Martínez, *Textos de Qumrán*, Madrid: Editorial Trotta, 1993.
- F.F. Bruce, *El canon de la Escritura*, Terrassa: CLIE, 2002.
- G. Báez-Camargo, *Breve historia del texto bíblico*, México: Editorial «Luminar», 1980.
- José O'Calaghan, *Los papiros griegos de la cueva 7 de Qumrán*, Madrid: Biblioteca de Autores Cristianos, 1974.
- Yattency Bonilla, *Descubriendo el misterio del texto bíblico*, Quito: Editorial CLAI, 2005.

«Literatura básica que debería poder consultar» en cuanto al paso 3

Aclarar la situación comunicativa original

Para obtener información bien fundamentada sobre la situación literaria, histórica, cultural y geográfica de la unidad del texto, es recomendable utilizar:

- *Nuevo diccionario bíblico certeza*, 2da. edición, F.F. Bruce, D. Guthrie, J.I. Packer, D. D. Wiseman y otros, Ediciones Certeza Unida, 2003
- Alfonso Lockward, *Nuevo diccionario de la Biblia*, Editorial Unilit, 2000.

- Samuel Vila; Santiago Escuain, *Nuevo diccionario bíblico ilustrado*, Viladecavalls: Editorial CLIE, 1985.
- Wilton M. Nelson, *Nuevo diccionario ilustrado de la Biblia*, Editorial Caribe, 1998.

Bibliografía adicional en cuanto a preguntas de introducción del AT y NT

- Alfred Wikenhauser; Josef Schmid, *Introducción al Nuevo Testamento*, Barcelona: Editorial Herder, 1978.
- D. A. Carson, Douglas J. Moo, *Una introducción al Nuevo Testamento*, Viladecavalls: Editorial CLIE, 2008.
- Gleason L. Archer, *Reseña crítica de una introducción al Antiguo Testamento*, Grand Rapids: Editorial Portavoz, 1981.
- John Drane, *Introducción al Antiguo Testamento*, Terrassa: Editorial CLIE, 2004.
- R. K. Harrison, *Introducción al Antiguo Testamento Vol. 1: Un completo resumen de los estudios veterotestamentarios*, Michigan: T.E.L.L., 1990.
- R. K. Harrison, *Introducción al Antiguo Testamento Vol. 2: El pentateuco y los profetas anteriores*, Michigan: T.E.L.L., 1993.
- R. K. Harrison, *Introducción al Antiguo Testamento Vol. 3: Los profetas mayores y los profetas menores*, Michigan: T.E.L.L., 1993.
- R. K. Harrison, *Introducción al Antiguo Testamento, Vol. 4: Los escritos sagrados*, Michigan: T.E.L.L., 1993.
- Tremper Longman III; Raymond B. Dillard, *Introducción al Antiguo Testamento*, Grand Rapids: Libros Desafío, 2007.

Bibliografía adicional en cuanto a aspectos histórico-culturales del AT y NT

- Heinrich A. Mertens, *Manual de la Biblia: Aspectos literarios, históricos y culturales*, Barcelona, Editorial Herder, 1989.
- V. Gilbert Beers, *Un viaje a través de la Biblia*, Tyndale, 2010.
- Ralph Gower, *Nuevo manual de usos y costumbres de los tiempos bíblicos*, Editorial Portavoz, 1999.

Bibliografía adicional en cuanto a aspectos histórico-culturales del AT

- John H. Walton; Victor H. Matthews; Mark W. Chavalas, *Comentario del contexto cultural de la Biblia. Antiguo Testamento: El trasfondo cultural de cada pasaje del Antiguo Testamento*, El Paso: Editorial Mundo Hispano, 2009.
- Maximiliano García Cordero, *La Biblia y el legado del Antiguo Oriente: El entorno cultural de la historia de salvación*, Madrid: Biblioteca de Autores Cristianos, 1977.
- Peter Walker, *La historia de la Tierra Santa: Una historia visual*, Tyndale House, 2015.
- Michel Quesnel y Philippe Gruson (Dirs), *La Biblia y su cultura: Antiguo Testamento*, Tomo I, Santander: Sal Terrae, 2002.

Bibliografía adicional en cuanto a aspectos histórico-culturales del NT

- Craig S. Keener, *Comentario del contexto cultural de la Biblia. Nuevo Testamento: El trasfondo cultural de cada versículo del Nuevo Testamento*, El Paso: Editorial Mundo Hispano, 2003.
- Michel Quesnel y Philippe Gruson (Dirs), *La Biblia y su cultura: Jesús y el Nuevo Testamento*, Tomo II, Santander: Sal Terrae, 2002.

Bibliografía adicional en cuanto a aspectos histórico-culturales del judaísmo

- Alfred Edersheim, *Usos y costumbres de los judíos en los tiempos de Cristo*, Viladecavalls: Editorial CLIE, 2008.
- Gonzalo Aranda Pérez; Florentino García Martínez; Miguel Pérez Fernández, *Literatura judía intertestamentaria*, Navarra: Editorial Verbo Divino, 1996.
- Piere Grelot, *Los targumes, textos escogidos*, Navarra: Editorial Verbo Divino, 1987.
- Eliane Ketterer, *El midrás*, Navarra: Editorial Verbo Divino, 1995.
- Miguel Pérez, *Introducción a la literatura talmúdica y midrásica*, Navarra: Editorial Verbo Divino, 1995.
- *Guía ilustrada del templo*, Nashville: B&H Español, 2014

Bibliografía adicional en cuanto a aspectos geográficos de la Biblia

- Tim Dowley, *Atlas bíblico Portavoz*, Grand Rapids: Editorial Portavoz, 1991.
- G.E. Wright; F. V. Filson, *Atlas histórico Westminster de la Biblia*, Casa Bautista de Publicaciones, 1981.
- Wolfgang Zwickel; Renate Egger-Wenzel; Michael Ernst, *Atlas de la Biblia*, Editorial Sal Terrae, 2017
- Pat Wise, *Nuevo atlas bíblico*, Editorial UNILIT.
- Barry J. Beitzel, *Atlas Bíblico de Tyndale,* Tyndale House Publishers, 2017.
- Una excelente herramienta para buscar mapas relacionados a las diferentes partes de la Biblia se encuentra en: https://www.sear chingthescriptures.net/main_pages/free_bible_land_maps.htm
- Ganas de explorar virtualmente del mundo del AT y Nuevo Testamento con excelentes mapas y bosquejos: https://www.inner-cube.de/ayuda.html

«Literatura básica que debería poder consultar» en cuanto al paso 4

Captar el contexto de la unidad textual

Pautas útiles para la compresión precisa del contexto de la unidad de texto se pueden encontrar en:

- *Comentario bíblico contemporáneo*, C. René Padilla (Editor General), Milton Acosta (Editor Antiguo Testamento), Rosalee Velloso (Editora Nuevo Testamento), Ediciones Certeza Unida, 2019.
- John MacArthur, *Comentario MacArthur del Nuevo Testamento* (13 tomos), Editorial Portavoz, 2010-2017.
- Willliam Barclay, *Comentario al Nuevo Testamento,* (17 tomos en 1), Viladecavalls: CLIE, 2006.
- Carl Friedrich Keil; Franz Julius Delitzsch, *Comentario al texto hebreo del Antiguo Testamento I: Pentateuco/históricos*, Viladecalvalls: CLIE, 2008.
- Recomiendo revisar también los comentarios académicos del Antiguo Testamento de la Editorial Andamio.

Bibliografía adicional en cuanto a panoramas de la Biblia

- J. Daniel Hays; J. Scott Duvall (Eds.), *Manual bíblico ilustrado Peniel.*
- Merrill C. Tenney, *Nuestro Nuevo Testamento: Estudio panorámico del Nuevo Testamento*, Edición revisada y aumentada, Grand Rapids: Editorial Portavoz, 1989.
- Paul N. Benware, *Panorama del Antiguo Testamento*, Grand Rapids: Editorial Portavoz, 1994.
- Paul N. Benware, *Panorama del Nuevo Testamento*, Grand Rapids: Editorial Portavoz, 1993.
- Pat Alexander; David Alexander (Eds.), *El nuevo manual bíblico ilustrado*, Editorial Unilit, 2002.
- Samuel J. Schultz, *Habla el Antiguo Testamento*, Grand Rapids: Editorial Portavoz, 1976.
- William Sanford Lasor; David Allan Hubbard; Frederic William Bush, *Panorama del Antiguo Testamento: Mensaje, forma y trasfondo del Antiguo Testamento*, Grand Rapids: Libros Desafío, 1999.

Bibliografía adicional en cuanto a sinopsis de los cuatro Evangelios

- Kurt Aland (Ed.), *Sinopsis de los Cuatro Evangelios: Edición bilingüe greco-española*; con los lugares paralelos de los Evangelios Apócrifos y de los Padres Apostólicos, Sociedades Bíblicas Unidas, 2007
- Pierre Benoit, Marie-Émile Boismard, *Sinopsis de los 4 Evangelios: de la Biblia de Jerusalén*, 8. Edición, Desclée de Brouwer, 2005.

Bibliografía adicional en cuanto a armonías de los Evangelios o sincronologías respectivamente

Una versión corta, concisa e informativa en español de la armonía de los cuatro Evangelios, es de R. L. Thomas/S. N. Gundry: *A Harmony of the Gospels with Explanations and Essays*. San Francisco: Harper, 1991, ofrece la *Biblia de estudio MacArthur*, en su capítulo "Una armonía de los Evangelios".

De ayuda es también el bosquejo en Merrill C. Tenney, *Nuestro Nuevo Testamento: Estudio panorámico del Nuevo Testamento*, Edición revisada y aumentada, Grand Rapids: Editorial Portavoz, 1989, en su capítulo "Armonía de la vida de Cristo" (p. 241-246).

En cuanto a la fiabilidad histórica de los Evangelios ver el artículo de Craig L. Blomberg en https://www.namb.net/apologetics-blog/la-fiabilidad-historica-de-los-evangelios/

«Literatura básica que debería poder consultar» en cuanto al paso 5

Examinar qué tipo de texto es la unidad textual

- Gordon D. Fee; Douglas Stuart, *La lectura eficaz de la Biblia: Guía para la comprensión de la Biblia*, Deerfield: Editorial Vida, 1985.
- J. Scott Duvall; J. Daniel Hays, *Hermenéutica entendiendo la Palabra De Dios*, Viladecavalls: Editorial CLIE, 2008 (Especialmente Parte 4 y 5).

Uno de los autores más reconocidos en cuanto a géneros poéticos y figuras literarias es Luis Alonso Shökel. Se recomienda revisar:

- Luis Alonso Shökel, *Manual de poética hebrea*, Madrid: Ediciones Cristiandad, 1987.
- Roberto Fricke S., *Las parábolas de Jesús: Una aplicación para hoy*, El Paso: Editorial Mundo Hispano, 2005.
- C. H. Dodd, *Las parábolas del reino*, 2. Edición, Madrid: Ediciones Cristiandad, 2001.
- E. W. Bullinguer; F. Lacueva, *Diccionario de figuras de dicción usadas en la Biblia*, Viladecavalls: CLIE, 1985.

«Literatura básica que debería poder consultar» en cuanto al paso 6

Reconocer los términos y su interconexión en la unidad textual

También indispensable para una interpretación correcta de la Biblia es el uso de un diccionario como el:

- *Diccionario expositivo de palabras del Antiguo y Nuevo Testamento exhaustivo de Vine*, Nashville: Grupo Nelson, 2007.

Ayuda útil para la traducción exacta y la definición de términos griegos se pueden encontrar en:
- Fritz Rienecker, *Clave lingüística del Nuevo Testamento griego*, ISEDET, Buenos Aires: Ed. La Aurora, 1986.

Ayuda útil para la traducción y definición de términos hebreos y griegos se pueden encontrar en:
- *Biblia de Estudio Palabra Clave: Con diccionarios hebreo y griego*, Editorial Patmos, 2017.

Bibliografía adicional en cuanto a diccionarios bíblicos y concordancias temáticas

a) De comprensión general

- *Concordancia temática Holman*, Nashville: B&H Publishing, 2011.
- *Concordancia temática de la Biblia*, El Paso: Casa Bautista de Publicaciones, 2006.
- Lothar Coenen, Erich Beyreuther, Hans Bietenhard, *Diccionario teológico del Nuevo Testamento*, Vol. 1, Salamanca: Ediciones Sígueme, 1990.
- Lothar Coenen, Erich Beyreuther, Hans Bietenhard, *Diccionario teológico del Nuevo Testamento*, Vol. 2, Salamanca: Ediciones Sígueme, 1990.
- W.E. Vine, *Diccionario expositivo de palabras del Nuevo Testamento*, (4 Tomos), Terrassa: CLIE, 1984.
- T. Desmond Alexander; David W. Baker (Eds.), *Diccionario del Antiguo Testamento: Pentateuco*, Compendio de las ciencias bíblicas contemporáneas, Viladecavalls: CLIE, 2012. (Especialmente preparado para el uso en la práctica de la comunicación del mensaje en el marco de la iglesia).
- Bill T. Arnold; H. G. M. Williamson (Eds.), *Diccionario del Antiguo Testamento: Históricos*, compendio de las ciencias bíblicas contemporáneas, Viladecavalls: CLIE, 2014. (Especialmente preparado para el uso en la práctica de la comunicación del mensaje en el marco de la iglesia).

b) De uso académico

- E. Jenni; C. Westermann, *Diccionario teológico manual del Antiguo Testamento*, Tomo 1, Madrid: Ediciones Cristiandad, 1978.
- E. Jenni; C. Westermann, *Diccionario teológico manual del Antiguo Testamento*, Tomo 2, Madrid: Ediciones Cristiandad, 1985.
- Ernst Walder, *Diccionario básico griego-español*, segunda edición, Lima: Ediciones Puma, 2013.
- G. Johannes Botterweck; Helmer Ringgren, *Diccionario teológico del Antiguo Testamento*. Tomo i, Madrid: Ediciones Cristiandad, 1978.
- Horst Balz; Gerhard Schneider (Eds.), *Diccionario exegético del Nuevo Testamento*, Vol. 1, tercera edición, Salamanca: Ediciones Sígueme, 2005.
- Horst Balz; Gerhard Schneider (Eds.), *Diccionario exegético del Nuevo Testamento*, Vol. 2, tercera edición, Salamanca: Ediciones Sígueme, 2012.
- Moisés Chávez, *Diccionario de hebreo bíblico: hebreo-arameo-español*, 3. Edición, El Paso: Editorial Mundo Hispano, 1997.

Un diccionario muy recomendable para poder confirmar el propio trabajo hecho en cuanto a un estudio de términos del Antiguo Testamento es el diccionario de Schökel, el primer diccionario científico bíblico hebreo-español, hecho en español:

- Luis Alonso Schökel, *Diccionario bíblico hebreo-español*, España: Editorial Trotta, 2014.

Un diccionario recomendable para poder confirmar el propio trabajo hecho en cuanto a un estudio de términos del Nuevo Testamento es el compendio traducido al español del famoso diccionario de los teólogos alemanes Gerhard Kittel y Gerhard Friedrich (hay que notar que estos autores tienen un acercamiento crítico/ no conservador al Nuevo Testamento):

- G. Kittel; G. Friedrich; G. W. Bromiley (Eds.), *Compendio del diccionario teológico del Nuevo Testamento*, Grand Rapids: Libros Desafío, 2002.

Bibliografía adicional en cuanto a gramáticas

a) Hebreo

- Thomas O. Lambdin, *Introducción al hebreo Bíblico*, Estella: Editorial Verbo Divino, 2001.
- Paul Joüon; Takamitsu Muraoka, *Gramática del hebreo bíblico*, Estella: Editorial Verbo Divino, 2007. (Es la mayor gramática del hebreo bíblico existente en español actualmente. Es una de las gramáticas guía en la actualidad. Tiene carácter académico).
- Rudolf Meyer, *Gramática del hebreo bíblico*, Terrassa: CLIE, 1989.

b) Griego

- Ernst Walder, *Aprendiendo el griego del Nuevo Testamento*, Lima: Ediciones Puma, 2015.
- Anita Henriques; Nelson Morales; Daniel S. Steffen, *Introducción al griego bíblico*, Miami: Editorial Vida, 2015.
- Guillermo H. Davis, *Gramática elemental del griego del Nuevo Testamento*, Editorial Mundo Hispano, 2013.
- Inmaculada Delgado Jara, *Gramática griega del Nuevo Testamento* I. *Morfología*, Estella: Editorial Verbo Divino, 2013.
- Inmaculada Delgado Jara, *Gramática griega del Nuevo Testamento* II. *Sintaxis*, Publicaciones Universidad Pontificia de Salamanca, 2011.

«Literatura básica que debería poder consultar» en cuanto al paso 7

Desarrollar el razonamiento (la línea de pensamiento) de la unidad textual

Para la exploración fundamental e independiente de la estructura y composición de la unidad de texto que se quiere analizar son de ayuda diferentes ediciones de comentarios al AT y NT p. ej.:

- *Comentario bíblico contemporáneo*, C. René Padilla (Editor General), Milton Acosta (Editor Antiguo Testamento), Rosalee Velloso (Editora Nuevo Testamento), Ediciones Certeza Unida, 2019.
- Recomiendo revisar también los comentarios académicos del Antiguo Testamento de la Editorial Andamio.

- Se recomienda revisar los comentarios publicados en la serie *Comentarios bíblicos*, de Editorial CLIE.

«Literatura básica que debería poder consultar» en cuanto al paso 8

Responder preguntas doctrinales de la unidad textual

Para la consideración bíblica y teológico-sistemática de la unidad textual, recomendamos la consulta de:
- Charles C. Ryrie, *Teología básica*, Miami: Editorial Unilit, 1993.
- Wayne Grudem, *Teología sistemática*, Miami: Editorial Vida, 2007.

Bibliografía adicional en cuanto al análisis bíblico-teológico

- D. A. Carson, *Falacias exegéticas*, Viladecavalls: Editorial CLIE, 2013.
- Walter C. Kaiser, Hijo, *Hacia una teología del Antiguo Testamento*, Miami: Editorial Vida, 2000.
- George Eldon Ladd, *Teología del Nuevo Testamento*, Viladecavalls: Editorial CLIE, 2002.
- Frank Thielman, *Teología del Nuevo Testamento*, Miami: Editorial Vida, 2006.
- *Biblia de Estudio Ryrie ampliada*, Grand Rapids: Editorial Portavoz, 2011.
- *Santa Biblia Thompson edición especial para el estudio bíblico*, Miami: Editorial Vida, 2011. (u otra versión de la Biblia de estudio Thompson)
- *Biblia de Estudio Scofield*, Nashville: B&H Español, 2016.

Bibliografía adicional en cuanto a la teología sistemática

- M. Lloyd-Jones, *Autoridad*, Ciudad Real: Editorial Peregrino, 2006.
- M. Lloyd-Jones, *Dios el Padre, Dios el Hijo*, Ciudad Real: Editorial Peregrino, 2010.
- M. Lloyd-Jones, *Dios el Espíritu Santo*, Ciudad Real: Editorial Peregrino, 2001.

- M. Lloyd-Jones, *El problema fundamental del hombre*, Ciudad Real: Editorial Peregrino, 2003.
- M. Lloyd-Jones, *La Cruz: El camino de la salvación según Dios*, Ciudad Real: Editorial Peregrino, 1986.
- M. Lloyd-Jones, *La Iglesia y las últimas cosas*, Ciudad Real: Editorial Peregrino, 2002.
- M. Lloyd-Jones, *Vida en Cristo*, Ciudad Real: Editorial Peregrino, 2006.

Bibliografía adicional en cuanto a la ética

- Thomas Schirrmacher, *¿Una ética especial para los últimos tiempos?* MBS Texte 70, 3. Jahrgang 2006. Publicado también en: https://www.bucer.de/fileadmin/_migrated/tx_org/mbstexte070.pdf
- Thomas Schirrmacher, *Dios quiere que tu aprendas, trabajes y ames*, Hamburg: RVB International, 2003.
- Gerald Nyenhuis; James P. Eckman, *Ética Cristiana*, Miami: Logoi, 2002.
- James E. Giles, *Bases Bíblicas de la ética*, El Paso: Casa Bautista de Publicaciones, 1996.
- Stephen Charles Mott, *Ética bíblica y cambio social*, Buenos Aires: Nueva Creación, 1995.

«Literatura básica que debería poder consultar» en cuanto al paso 9

Resumir de manera precisa el mensaje de la unidad textual

Para formular el tema del texto y redactar el bosquejo del texto, encontrará sugerencias útiles en los comentarios relevantes. Aquí solo queremos mencionar el *Comentario bíblico contemporáneo*, C. René Padilla (Editor General), Milton Acosta (Editor Antiguo Testamento), Rosalee Velloso (Editora Nuevo Testamento), Ediciones Certeza Unida, 2019, los 13 volúmenes del *Comentario MacArthur del Nuevo Testamento*, Editorial Portavoz y los 24 volúmenes del *Comentario bíblico Mundo Hispano* (AT y NT).

Tome en cuenta también los bosquejos literarios y temáticos que presenta p. ej. la *Biblia de estudio* NVI, Miami: Editorial Vida, 2002, para cada libro de la Biblia.

Bibliografía adicional

- John F. MacArthur, *La predicación: Cómo predicar bíblicamente*, Grupo Nelson, 2009.

«Literatura básica que debería poder consultar» en cuanto al paso 10

Encarar el significado de la unidad textual para la actualidad

De ayuda para la aplicación de la unidad textual a la actualidad son:

- Salvador Dellutri, *El mundo al que predicamos*, Miami: Logoi, 1998.
- Leslie Thompson, *El arte de ilustrar sermones*, Grand Rapids: Editorial Portavoz, 2001.

De ayuda para la ubicación del texto en la historia de la salvación:

- Erich Sauer, *La Aurora de la redención del mundo: La historia de la salvación en el Antiguo Testamento*, Grand Rapids: Editorial Portavoz, 2019.
- Erich Sauer, *El Triunfo del crucificado: La historia de la salvación en el Nuevo Testamento*, Grand Rapids: Editorial Portavoz, 2018.
- Erich Sauer, *De eternidad a eternidad: Un estudio de los propósitos divinos*, Barcelona: Editorial Oasis, 2002.